디지털 대전환 시대의
보이는 정부

도서출판 윤성사 143

디지털 대전환 시대의
보이는 정부

초판 1쇄 2022년 3월 14일

엮 은 이 명승환
펴 낸 이 정재훈
펴 낸 곳 도서출판 윤성사
주   소   서울특별시 서대문구 서소문로 27, 충정리시온 제지층 제비116호
전   화   대표번호_02)313-3814 / 영업부_02)313-3813 / 팩스_02)313-3812
전자우편 yspublish@daum.net
등   록   2017. 1. 23

ISBN 979-11-91503-54-8 (93350)
값 10,000원

ⓒ 명승환 외, 2022

저자와의 협의에 따라 인지를 생략합니다.

이 책의 전부 또는 일부 내용을 재사용하려면 반드시 사전에 저작권자와 도서출판 윤성사의 동의를 받아야 합니다.

잘못 만들어진 책은 구입하신 서점에서 교환 가능합니다.

본 저서는 2019년 대한민국 교육부와 한국연구재단의 지원을 받아 발간되었음(NRF-2019S1A5C2A03081234).

Visible Government
in the Digital Transformation Era

디지털 대전환 시대의 보이는 정부

명승환 엮음

장혜정 · 서형준 · 노재인 · 김현웅 · 홍성범

윤성사

머리말

　디지털 대전환 시대의 대한민국이 지향하는 사회는 거창한 것이 아니다. 국민이 기본적으로 먹고 살 걱정이 없는, 집 걱정이 없는, 출근 및 이동 걱정이 없는, 교육 걱정이 없는, 의료 걱정이 없는 사회에서 사는 대한민국 국민은 얼마나 행복할까? 과거 대한민국은 근대화 과정에서 시대적 흐름을 오판하여 식민지와 동족끼리의 전쟁으로 인한 참혹한 고통을 겪었다. 그러나 그 후 기적같이 일어나 오늘날 선진국에 진입하는 놀라운 성과를 이루었다. 지난 100년 등안 후진국에서 경제발전과 민주화를 모두 성공한 나라는 대한민국이 유일하다. 앞으로 세계 5강 국가대열에 오르고 경제와 문화대국으로써 인류의 발전을 선도하는 위치를 꿈꾸는 것도 실현가능한 일이다. 이제 디지털 대전환 시대를 맞이하여 경제기적과 IT강국, 민주화의 신화를 이룬 대한민국이 재도약을 할 시기이다. 새로운 도약을 위해서는 정부, 국민, 기업이 모두 함께 대한민국 전체를 스마트한 글로벌 기업으로 만들어야 한다. 정치가, 관료, 기업가, 시민 모두 각자의 위치에서 뛰어난 역량을 발휘하여 전 방위적으로 물리적 공간과 사이버 공간을 가리지 않고 선점하며 세계를 선도하여야 한다.

　미래사회는 실용주의, 시민 중심적 국가, 디지털 방식의 보편화, AI-데이터 기반 정부와 사회 메커니즘 그리고 개방적인 공동체 중심의 사회라는 공통적인 지향점을 갖고 있다. 따라서 미래사회는 이러한 모든 과정과 요인들을 포용하면서 인간-기술-사회시스템이 개방적이고 다층적인 플랫폼과 최상위 메타플랫폼 형태를 갖추어야 한다. 대한민국의 미래사회는 '예측가능하고 신뢰할 수 있는 사회'이며, 대한민국 정부는 '빛의 속도로 처리하고 믿을 수 있는 스마트한 정부'가 되어야 한다. 또한 미래정부는 사회 전체의 발전과 지속가능성의 방향과 실천방안을 제시하고, 빌 게이츠의 '생각의 속도'를 넘어서 '공감의 속도'에 능한 스마트한 정부가 되어야 한다. 미래의 스마트정부는 보이지 않는 손에 의해 밀실에서 이루어지는 정책이 아닌 소망성, 능률성, 민주성 등을 '보이는 손(visible hand)'의 새로운 메커니즘에서 혁신적 기업가 정신과 사회적 정의를 모두 추구하는 정부이다. 즉, 합리적 선택주의와 신다원주의적 가치와 이념이 모두 실현되는 정부이다. 이러한 취지에 공감하고 기꺼이 원고를 내어주신 집필진 여러분께 다시 한 번 감사드린다. 그리고 메타버스 분야의 정책 제안을 해 준 인하대학교 이다운 선생님께도 감사의 말씀을 드리며, 책이 나오기까지 번뜩이는 아이디어와 함께 집필과정을 세심하게 살펴준 윤성사 정재훈 대표께도 감사를 드린다.

2022년 3월
명승환

차례

머리말 P.4

01. 디지털 대전환으로 사회는 완전히 변했다 P.9

대한민국에서 사회적 정의란 무엇인가?	p.12
보이는 정부(Visible Government)로 변해야 한다.	p.15
미래정부는 포용적 열린 정부	p.18

02. 이제 전자정부에서 보이는 정부로 나아가자 P.23

인공지능의 태동과 컴퓨팅의 비약적 발달	p.25
인공지능을 측정하는 튜링테스트	p.28
인공지능 유형과 일상으로의 확산	p.30
딥러닝의 발달과 챗봇의 성장	p.32
자산 투자를 전담하는 로보어드바이저	p.34
인공지능 정책결정의 낙관론과 비관론	p.36
합리적 정책결정에 활용되는 인공지능	p.38
인공지능과 인간이 공존하는 공공영역	p.40
블록체인으로 시도하는 행정개혁	p.45
막강한 보안성을 지닌 블록체인	p.48
블록체인의 핵심 요소와 분권화	p.50
이미 블록체인을 활용하는 외국 정부	p.52
공공부문에서 디자인 씽킹의 개념	p.54
개방적 사고를 환영하는 디자인 씽킹	p.56
프로토타입이 반복되는 디자인 씽킹	p.58

Visible Government
in the Digital Transformation Era

디지털 트윈 모델의 연속적 특징   p.59
디지털 트윈 핵심 기술의 발달 단계   p.61
실시간 예방과 대응을 돕는 디지털 트윈   p.63
지능정보기술을 활용한 복합재난관리   p.66
디지털 트윈을 활용한 재난관리   p.68
빅데이터 중심의 스마트시티 운영   p.70
안전, 교통, 전력을 책임지는 스마트시티   p.73
지능정보화 사회에서 행동경제학의 가치   p.75
가용성 휴리스틱과 빅브라더의 위험   p.78
노동자 대체 논란을 일으키는 스마트 사회   p.79
프레이밍 효과와 개인정보침해 논란   p.82
보이는 정부와 합리적 선택주의   p.84
보이는 정부 모델의 필요성   p.85
보이는 정부의 거버넌스   p.90
국가미래전략원과 공유경제 플랫폼 설계   p.92
장인협통인(場人協通人)이 역할을 다 하는 정부   p.93
메타정부와 메타버스   p.96

03. 생각의 속도를 넘어선 공감의 속도를 이루는 정부 P.101

참고 문헌 P.108
찾아 보기 P.120
저자 소개 P.122

Visible Government
in the Digital Transformation Era

Visible Government
in the Digital Transformation Era

01

디지털 대전환으로 사회는 완전히 변했다

Visible Government
in the Digital Transformation Era

01
디지털 대전환으로
사회는 완전히 변했다

　전 세계적으로 디지털 대전환 시대로 지향하는 사회는 시민 중심적 국가, 디지털 방식의 보편화, 인공지능(AI)을 사회 전 분야에서 쉽게 쓰는 사회, 데이터 기반 업무와 정책, 그리고 개방적인 공동체 중심의 사회라는 공통적인 지향점을 갖고 있다.

　이러한 거대한 변화의 물결을 한마디로 요약한다면, '통제가 가능한 다양성을 추구하는 사회'이며 4차산업혁명과 디지털 대전환 시대가 요구하는 핵심 키워드이다. 그동안 사회발전을 위한 정부의 정책을 평가한다는 의미는 사실 이미 어젠다가 확정된 정책의 집행에 대한 사후평가에 초점을 맞추었다. 우리 학자들은 사전평가의 중요성과 메타평가의 필요성을 지속적으로 주장하였으나 대체로 예비타당성조사, 재정운용 기본계획 등 기재부와 KDI의 사업 예비타당성 관련 평가 등에 가려 제대로 된 정책평가가 이루어지지 못하였던 것이 사실이다. 한마디로 주어진 결과목표를 포장하기 위한 현란한 계량적 분석평가 모델의 적용과 자의적이고 의도적인 정성평가의 조합이 우리나라의 정부정책에 대한 감시와 평가의 현주소이다. 우리가 왜 정부정책을 비판하고, 합리적으로 분석하고, 정확한 피드백을 주려고 하는가를 생각해 보면 과연 우리가 추구하는 사회가 무엇인가를 되돌아보지 않을 수가 없다. 결국 "대한민국에서 사회적 정의란 무엇인가?"라는 근본적인 문제를 짚어보아야 한다.

대한민국에서 사회적 정의란 무엇인가?[1]

샌델 교수는 벤담의 공리주의, 즉 '최대다수의 최대행복'을 위해 소수의 희생을 용인하는 것을 비판하면서 국가가 나서서 소수의 행복도 보살펴야 한다고 하였다. 아울러 아리스토텔레스의 '공동선'도 주인인 국민을 고려하지 않았기 때문에 국가에 의해 공동선의 목표자체가 왜곡될 수 있다고 비판하였다. 사실 샌델 교수의 사회적 정의는 존 롤스의 '정의론'과 별반 다를 바가 없다. 기본적으로 내가 선택할 수 없는 개인 간 생물학적 차이와 자라난 환경 등 개인적 차이를 인정하되 자유와 평등의 기본원칙을 지키면서 극단적인 불평등을 피하여야 한다고 주장한다는 점에서 동일하다. 그렇기 때문에 되도록 인과관계가 분명한 합리적 선택을 추구하되, 안정적인 사회적 평등을 추구하기 위해 약자에게 좀 더 기회와 일자리를 줄 수 있다는 '차등의 원칙'이 적용되어야 한다는 것을 강조한다. 다만, 존 롤스는 국가와 정부의 중립적인 태

---

1 · 이 글은 명승환(2021)을 바탕으로 재정리했다.

도(합리적 선택)와 정책을 강조하고, 센델은 국가와 정부는 이러한 불평등의 문제를 적극적으로 해결해야 하며, 공동체의 합의를 도출하기 위한 공론화 과정을 강조하였다. 공동체를 통한 문제해결을 제안하였는데, 바로 이 점이 현재 소셜 미디어를 통한 참여와 공론화를 중요시하는 '거버넌스(협치)'와 잘 부합되기 때문에 보다 폭넓은 공감대를 얻고 있다고 볼 수 있다.

결국 한정된 자원과 예산을 어디에 먼저 쓰고, 그 분배과정을 어떻게, 누가 주체가 되어 결정하느냐의 문제로 정리될 수 있다. 빌게이츠의 '생각의 속도' 이후 '공감의 속도'가 필요하다는 것을 피력한 본인의 생각과도 크게 다르지 않다. 사실 대한민국의 사회적 정의는 독재의 억압에서 벗어나 완전한 민주주의 사회를 갈망한 국민들의 처절한 저항과 피나는 노력으로 성숙되어 왔다. 서구의 사회적 정의를 추구하기 위한 수 세기에 걸친 철학적 노력과 역사와 경험을 우리는 불과 반세기 만에 실천적으로 증명하였다. 우리는 이제 직접 국민이 빛의 속도로 언제 어디서든 대통령에게 직접 사회적 문제를 빠르게 해결하라고 재촉할 수 있는 수준에 도달해 있다. 인기영합주의라고 비판하기에는 공론화 과정과 민의 수렴, 정책집행 절차의 공개와 평가시스템이 작동할 수 있는 전자민주주의 시스템이 다른 나라와 비교해 월등하다.

그런데 왜 아직도 기회는 평등하지 않고, 과정은 공정하지 않으며, 결과는 정의롭지 못한가? 그 이유는 어쩌면 숲은 보지 못하고 나무에만 집착하고 있는 데서 기인하고 있는지도 모른다. 그 숲은 아마도 자유로운 부의 축적과 균등한 배분, 기회의 평등과 과정의 공정성, 가족-공동체-사회 속에서의 행복추구가 가능한 사회의 모습일 것이기 때문에 앞의 현인들과 석학들이 주장한 숲의 모습과 다를 바가 없다. 하지만 우리는 압축적인 경제성장과 민주화 과정으로 인하여 미처 해결하지 못하고 다음 단계로 넘어간 부분이 많고, 아직도 여기저기 불평등과 불공정한 모습과 관행이 깊숙이 뿌리를 내리고 있다는 점이 다르다.

대한민국에서 태어나면 기억조차 힘든 유년시절부터 주어진 목표를 위해 끊임없이 달려야 하고, 그 목표를 달성하기 위하여 걸음마를 떼기 전부터 조기교육, 선행학습, 학원교육의 악순환의 고리를 통해 대학입시에 올 인(All-in) 해야 한다. 하지만 결과는 자아실현을 할 수 있는 직장을 찾지 못하고 망연자실하고 있는 청년들의 한숨 소리뿐이다.

사회적 정의란 나에게 무엇인가? 우리는 이론적으로나 경험적으로도 최신의 사회적 정의에 가장 가까운 경지에 도달했는 데, 무엇이 이렇게 발목을 잡고 나를 괴롭히고 있는가? 사실 우리는 그동안 스스로를 속이고 있었는지도 모른다. 여전히 대한민국은 그들만의 리그들이 번갈아가며 싹쓸이와 한풀이를 반복하고, 다름을 인정하지 않으며, 전근대적 권위와 기계적인 관료주의와 부패가 만연되어 있다. 그 리그에 속해있지 않으면 사회적 정의란 나에게는 아무런 의미도 없다. 그래서 도저히 상상할 수도 없는 어처구니없는 일들이 벌어지는 데, 원칙도 없고, 과정도 불분명하고, 설명도 없고, 결과에 대해 누구도 책임지지 않는다. 폭주하는 부동산 열차, 세금폭탄, 줄 세우기 대학평가, 부모 찬스 등과 같은 모습은 이제 익숙하다. 우리 사회와 나의 삶의 목적과 목표가 애초부터 잘못된 것은 아닌가?

보이는 정부(Visible Government)로 변해야 한다.

미래의 정부는 보이지 않는 손에 의해 밀실에서 이루어지는 정책이 아닌, 정책의 목적가치인 실현가능성, 소망성, 능률성, 민주성 등을 '보이는 손(visible hand)'의 새로운 정책 패러다임에서 효용극대화를 추구하는 정부이며, 기업가 정신과 사회적 가치를 모두 추구하며, 합리적 선택주의와 신다원주의 가치와 이념이 모두 실현되는 정부이다.

국민이 기본적으로, 먹고 살 걱정이 없는, 집 걱정 없는, 출근 및 이동 걱정 없는, 교육 걱정 없는, 의료 걱정 없는 사회는, 곧 국민 개개인의 자아실현과 다양한 가치추구가 가능한 사회이다. 향후 행정개혁은 그러한 관점에서 출발하여야 한다. 산업사회에서 정보사회로, 그리고 후기정보사회로 이행하면서 정부는 기술과 사회와의 변증법적 발전과정을 통하여 변화를 거듭하였다. 향후 미래정부는 이러한 모든 과정과 요인들을 포용하면서 인간-기술-사회시스템이 부정적 엔트로피(negative entropy)가 가능한 개방적이고 다층적인 플랫폼 형태를 갖춘 플랫폼 정부가 될 것으로 예측된다. 미래의 융합정부는 이러한 자율과 통제가 조화된 사회시스템과 생태계가 선순환적으로 진화하도록 협력하고 지원하는 협력자 및 조력자의 역할을 할 것으로 전망된다.

따라서 미래의 공공관리는 자기관리가 잘 되는 정부에서 가능하다고 볼 수 있으며, 그래서 스마트 공공관리가 필요하다고 할 수 있다. 그것은 과거의 컴퓨팅 시스템을 기반으로 생산성과 투명성을 높이고자 하여 왔던 기계적인 전자정부 이상의 차원으로, 고도로 지능화된 ICT와 정확한 데이터 수집과 분석을 바탕으로 최적의 정책결정과 집행을 수행하는 플랫폼형 공공관리를 의미하기도 한다. 그러나 현재 4차산업혁명과 함께 차세대 전자정부의 모습으로 포장되고 있는 지능형 디지털정부는 감성이 없는 알고리즘(algorithm)을 바탕으로 한 계산적 지능에 치우친 기능적인 정부에 불과하다.

미래 융합정부에서의 감성적 지능은 국민의 마음과 요구를 파악하고 적시에 대응할 수 있는 예술(art)적 차원의 지능으로서 과학(science) 수준을 초월한다. 그러한 정부는 고도로 지능화된 디지털 전자정부 이상의 윤리적 가치, 배려, 믿음의 체계가 작동하는 예술적 경지에 이른 정부를 의미한다. 스마트 융합기술은 아직 불안정하고 수많은 시행착오가 불가피하지만 관계성이 강조되는 새로운 사회로의 이행을 촉발하는 기폭제가 되고 있으며, 합리적 선택과 절차적 정당성을 바탕으로 예측가능하고 신뢰할 수 있는 정부와 새로운 공공관리의 탄생을 예고하고 있다.

미래사회는 진화된 ICT기술을 바탕으로 일하는 방식, 생활양식, 사회문화 전반이 업그레이드된 사회이다. 디지털 대전환 시대의 사회는 투입(Input)은 1/2로 줄고 이익은 2배로 된다. 지능정보사회의 핵심기술 요소로는 모바일(Mobil), 클라우드(Cloud), 빅데이터(Big Data), 사물인터넷(Iot), 인공지능(AI) 등이 있다. 이러한 지능형 기술이 센서와 데이터 수집 등 다양한 연결고리를 통하여 인간과 사물간의 의사소통에서 사물과 사물간의 의사소통까지 확장되고, ICT간 융합에서 타산업과의 융합까지 이루어지며, 지능형 기기가 일반적으로 보편화 되는 사회가 도래한 것이다. 지능정보사회에서는 기술자체의 혁신이 아닌 사용자 경험과 스스로 업데이트 되는 기술에 의하여 사회의 패러다임이 재편되고 있다.

이러한 미래사회의 특징은 다음과 같다.

첫째, 사회가 도구화(instrumented) 혹은 기능화 된다. 예전에 사회에서 소유하지 못했던 새로운 데이터가 만들어지고, 그 데이터를 활용함으로써 새로운 서비스 및 사회적 기회가 생성되고 있다.

둘째, 사회가 상호 연결(Interconnected)된다. 다양한 형태로 사회구성요소들이 상호 연결되고 있는데, 일례로 지능화된 사물들이 인터넷으로 연결되는 사물의 인터넷(유비쿼터스)이 재화에서 일어나게 되고, 사회에서는 연결망을 통하여 사람과 사람 간에 새로운 공간(가상공간)에서 상호 연결되어 가는 것을 들 수 있다. 메타버스는 인간이 현실과 가상공간을 넘나들며 새로운 거래행위와 의사결정을 입체적이면서도 적시에 할 수 있도록 해 준다. 과거의 기억과 역사도 형상화하여 복기하며 시행착오를 반복하지 않도록 새로운 시공간의 역사를 재편성하고 재해석하고 있다.

셋째, 사회의 구성요소들이 지능화된다. 이 지능화는 도구화된 사회 구성요소(재화와 서비스)들이 사회 구성요소 간 상호 연결됨으로써 발생되는 수많은 데이터를 기반으로 지능화되는 것이다.

이러한 다양한 관점을 종합하였을 때 미래 지능정보사회는 "고도의 지능화된 ICT와 사회연결망을 기반으로 인간과 사물, 사물과 사물 간 의사소통이 시공간을 넘어 실시간, ICT간 융합에서 나아가 타 산업과의 융합이 가속화되며, 정부와 민간의 일하는 방식 및 생활양식, 문화, 정치경제 등 국가 사회 전체의 혁신이 동반되어 새로운 부가가치가 끊임없이 재창출되는 사회"라고 할 수 있다(명승환, 2012).

Visible Government
in the Digital Transformation Era

미래정부는 포용적 열린 정부

이제 더 이상 밀실에서 조작되어 포장된 정보 상품은 가짜뉴스나 갑질 수준의 구호용 정책홍보로 치부되어 정책효능감은 떨어지고 긍정적인 평가를 받지 못한다. 그럼에도 불구하고 정형화된 정책집행 및 공론화과정과 공감대가 없는 정책결정을 반복하면 사회적 비용의 증가와 정부불신, 국민피로도 상승, 미래에 대한 불안감, 정치혐오 등의 정책실패로 악순환의 고리를 벗어나지 못할 것이다.

우리는 정책과정에서 정책형성 및 어젠다(agenda) 세팅에 대한 경험이 부족하고 제대로 된 제도적 절차도 없다. 탈원전 공론화로 시작된 공론화위원회, 생활공감자치정책 참여단, 주민자치예산 등 정책형성을 위한 제도적 장치는 다분히 기획된 관변단체의 위치에서 벗어나지 못하고 있다.

향후 세계적 수준에 도달해 있는 우리나라의 전자정부는 사용자중심 또는 고객중심의 전자정부 서비스를 구현하고 모든 계층과 사회구성원을 포용하는 방향으로의 발전이 필요하다. 전자정부 추진 과정을 보면, 전자정부 구현을 위한 노력을 기울여 왔음에도 불구하고 공급자중심의 시스템 구축으로 서비스의 고객인 국민 요구를 반영하는 과정은 미흡하였다. 이는 전자정부가 인프라 확충, 행정서비스의 온라인화, 새로운 행정서비스의 개발 등 양적성장 위주의 사업을 전개하여 왔고, 국민들의 전자정부 서비스에 대한 인지도 및 활용도에 대한 개선 방식을 단순 서비스의 양적 증가에만 집중하였기 때문이다. 지역사회 전자정부 서비스의 개발과 구축에 있어서는 그동안의 이러한 오류를 또다시 범하지 않도록 해야 한다. 주민밀착형 지역사회 전자정부 서비스를 기획 및 개발함에 있어 단순히 기존에 제공되고 있는 행정서비스를 클라우드를 중심으로 한 플랫폼형 서비스로 전환하여 서비스를 제공하여야 한다.

기존에 제공되는 행정서비스에 대한 고객의 수요를 파악하지 않고 공급자의 입장에서 중요하다고 생각하는 서비스를 일방적으로 제공하는 방식의 전자정부서비스 구현은 지양해야 한다. 따라서 행정서비스에 있어서 고객이 서비스를 제공받을 때 원하는 서비스의 품질이 무엇인지에 대한 수요가 충분히 반영되어야 다양한 디지털 서비스의 활발한 이용이 가능해 질 것이다(명승환 외, 2010). 향후 빅데이터와 사물인터넷, 멀티채널의 확산으로 인하여 개방형 플랫폼을 기반으로 한 서비스 전달방식이 중요한 전략사업으로 예상된다. 특히, 지역사회의 취약계층을 포함한 모든 국민에게 공공서비스가 제공되도록 다양한 양식과 채널을 통해 공공서비스 전달체계를 혁신할 필요가 있다.

따라서 다양한 채널 구현 및 통합을 위해선 멀티채널 서비스 전략수립과 운영을 위한 안정적이고 지속적인 디지털 관리체계(digital governance 혹은 e-governance) 정립이 중요하다. 그러나 역시 과거 중앙 주도의 보급방식은 지양하여야 하며, 빅데이터 분석, 수요자 중심의 수요도출을 기반으로 민간, 대학, 지방정부, 지역기반 기업, 지역시민을 모두 포함한 거버넌스 추진체계가 수립되어야 한다. 망중립성과 같은 맥락인 데이터중립성, 데이터 거래의 메카니즘과 법제도 개선, 중앙과 지역의 역할 구분, 지역공동체의 데이터 관리 지침 및 윤리강령 등에 대한 연구도 필요하다. 또한 중앙-지방-대학-지역산업-지역공동체간의 협력적 동반자 관계에서 새롭게 등장하는 공공관리와 상호감시, 자율적 통제, 규제와 탈규제의 최적화, 행복지수 개발 등 다양한 관점에서의 담론형성과 이슈화가 필요한 시점이다.

디지털 대전환 시대의
보이는 정부

Visible Government
in the Digital Transformation Era

Visible Government
in the Digital Transformation Era

02

이제
전자정부에서
보이는 정부로
나아가자

Visible Government
in the Digital Transformation Era

02
이제 전자정부에서
보이는 정부로 나아가자

인공지능의 태동과 컴퓨팅의 비약적 발달

인공지능(Artificial Intelligence: AI)은 인간의 지능적인 행위를 흉내 낼 수 있는 소프트웨어 시스템, 인간의 지능을 기초로 해서 뇌의 신경망 구조를 연구하면서 인간이 어떻게 학습하고, 추론하고, 언어를 이해하는지 등의 원리를 파악하면서 이것을 컴퓨터 프로그램으로 구현하는 모든 것을 의미한다. 최근 인공지능은 하드웨어의 급속한 발전과 더불어 새로운 알고리즘의 등장으로 급격하게 발전해 기계가 점점 인간처럼 생각하고 말할 수 있도록 진화하고 있다. 이에 따라 인공지능 역할이 인간의 과업을 도와주는 도구적 관점에서, 인간과 적극적으로 상호 소통하는 사회적 행위자로 확장되고 있다.

인공지능이라는 단어는 1956년 미국 다트머스 대학교에서 열린 컨퍼런스에서 인간이 수행하는 지적 작업의 절차를 컴퓨터로 시뮬레이션했던 것에서 유래한다. 1956년에서 14년이 지난 후에 간단한 문제 풀

이가 가능한 인공지능의 초기 모델이 만들어졌으나 지속되지 못했다. 이는 오랜 시간이 지나서야 1990년대 스스로 학습하는 인공지능이 개발되기 시작했기 때문이다. 바로 인터넷과 컴퓨터 기술의 발달이 인공지능에 절대적인 영향을 주었다고 볼 수 있다. 이후 2006년 캐나다 토론토 대학에서 인간의 뇌를 모방한 딥러닝 알고리즘의 개발로 인공지능은 인간의 사고방식을 표현할 수 있게 되었다. 그 후 인공지능은 2012년부터 하드웨어 한계도 극복하고 급격히 발전해서 일상에서도 AI는 이미 스며들게 되었다.

인공지능으로서 갖춰야할 컴퓨팅 능력을 여섯 가지로 구분할 수 있다.

첫째, 자연어 처리(Natual Language Processing: NLP)이다. 자연어 처리(NLP)는 자연어 분석, 자연어 이해, 자연어 생성 등의 기술이 사용된다. 자연어 분석은 그 정도에 따라 형태소 분석(morphological analysis), 통사 분석(syntactic analysis), 의미 분석(semantic analysis) 및 화용(話用) 분석(pragmatic analysis)의 네 가지로 나눌 수 있다. 자연어 이해는 컴퓨터가 자연어로 주어진 입력에 따라 동작하는 기술이며 자연어 생성은 동영상이나 표의 내용 등을 사람이 이해할 수 있는 자연어로 변환하는 기술이다.

둘째, 지식 표현(knowledge representation)이다. 지식 표현은 세계에 대한 정보를 컴퓨터 시스템이 사용할 수 있도록 가공 및 표현하기 위한 연구다. 인공지능(AI) 연구에 있어서 중요하며 'Knowledge

Representation and Reasoning(KR², KR&R)'이라고 부른다.

셋째, 자동 추론(automated reasoning)이다. 자동 추론은 각기 다른 면의 추론을 이해하기 위한 컴퓨터 과학, 인지 과학, 수리 논리학의 한 분야이다. 컴퓨터가 완전히 또는 거의 완전히 자동으로 추론할 수 있게 하는 컴퓨터 프로그램의 개발을 돕는다.

넷째, 기계 학습(Machine Learning)이다. 기계 학습은 1950년대 등장한 개념으로 컴퓨터에 명시적인 프로그램 없이 배울 수 있는 능력을 부여하는 연구 분야를 말한다. 사람이 학습하듯이 컴퓨터에 데이터를 주면 스스로 학습해 새로운 지식을 얻어내는 것이다.

다섯째, 컴퓨터 시각으로 사람의 시각 체계를 모방한 것이다. 사람은 망막에 맺힌 2차원 이미지에서 3차원 모델이나 구조를 추론하고 물체를 탐지하거나 이미지 내부의 영역을 구분하는 능력을 차용했다. 컴퓨터 시각(CV)은 이러한 기능을 컴퓨터로 구현하는 것을 말한다. 디지털 카메라 등의 이미지 센서(sensor)에 맺힌 2차원 이미지를 처리한다. 이는 로봇이나 자율 주행 자동차와 같은 지능형 에이전트(intelligent agent) 구현에 필요하며 광범위하게 산업 분야마다 활용하고 있다.

마지막으로 로봇공학이다. 로봇에 관련된 구조 설계, 제어와 운용 기술, 지능에 관한 기술 등을 활용하기 위해 거의 모든 공학 분야에서 적용되고 있다. 이때 로봇은 사람과 비슷한 기계로 주어진 제어 명령에 따라 공학적으로 업무를 처리하는 기계를 의미한다.

인공지능을 측정하는 튜링테스트

영국의 수학자 앨런 튜링(Alan Turing)이 제안한 인공지능 판별법은 1950년 기계(컴퓨터)가 사람처럼 생각할 수 있다는 견해이다. 그는 컴퓨터와 대화를 나누어 컴퓨터의 반응을 인간의 반응과 구별할 수 없다면 해당 컴퓨터가 스스로 생각할 수 있는 것으로 간주해야 한다고 주장했다. 이러한 견해는 인공지능의 개념을 이루었으며 그의 이름을 딴 '튜링테스트'는 인공지능을 판별하는 기준이 되었다. 튜링은 포괄적 논리만 제시하였을 뿐 구체적인 실험 방법과 판별 기준을 제시한 것은 아니었으나 현재 테스트는 서로 보이지 않는 공간에서 질문자가 인간과 컴퓨터를 대상으로 정해진 시간 안에 대화를 나누는 방식으로 이루어진다. 이때 대화를 통하여 질문자가 인간과 컴퓨터를 구별해내지 못하거나 컴퓨터를 인간으로 간주하게 된다면 해당 기계는 인간처럼 사고할 수 있는 것으로 본다.

1943년 뉴런의 개념이 도입되고 1959년 뉴런을 형상화한 '퍼셉트론'이 개발되면서 인공신경망의 시대가 시작되었다. 이후 1988년 퍼셉트론을 여러 층으로 쌓아서 모델을 만들면 'XOR 문제(값이 서로 같으면 0,0 / 1,1 값이, 서로 다르면 1)'가 해결될 수 있다는 점을 발견하면서 사람들의 기대감을 높였다. 하지만 층이 깊어질수록 학습이 제대로 되지 않아서 다시 침체기로 들어섰다. 이후 2010년 퍼셉트론에 있는 함수를 바꾸고 초기값을 조정하면 여러 층으로 쌓은 모델에서 학습이 이루어지는 것을 발견해 인공신경망은 딥러닝(Deep Learning)으로 이름을 바꾸고 현재와 같은 인공지능 기술로 탄생했다. 인공지능에서 기계학습은 가장 중요한 부분이고 인공신경망에 기반을 둔 딥러닝은 기존 인공지능에서 사용하던 다양한 알고리즘과 응용 사례를 대신하면서 인공지능을 대표하는 기법으로 널리 알려졌다.

이와 더불어 1950년 프로그램 언어(Lisp, Prolog)가 개발되어 전문가 시스템 중심으로 발전해 왔고 인간이 가지는 지식의 애매함을 표현하기 위하여 퍼지(purge) 기반의 표현기법이 1965년 개발 도입되었다. 1980년대를 지나면서 통계와 확률기반의 마르코프, 베이지안, 데이터 마이닝 기법이 개발되어 적용되었고 이러한 흐름은 지금도 계속되고 있다. 인공지능이 발전하면서 파생 학문이 발전하고 이것들이 다시 인공지능에 영향을 주는 선순환의 흐름이 이어지고 있다. 2010년에 시뮬레이션 언어인 시미오(Simio)가 개발되어 복잡계 시뮬레이션 환경에 활용되고 있다.

Visible Government
in the Digital Transformation Era

인공지능 유형과 일상으로의 확산

인공지능의 목표에 따라 네 가지로 구분한다. 먼저 좁은 의미의 인공지능(Artificial Narrow Intelligence: ANI)과 넓은 의미의 인공지능(Artificial General Intelligence: AGI)으로 구분한다. 좁은 의미의 인공지능은 합리적인 행동을 하는 시스템을 구현하는데 필요한 연구로 지능 소프트웨어, 행동로봇 구현 등이 있다. 넓은 의미의 인공지능은 인간처럼 행동하는 시스템을 구현하는데 주로 사용되며 언어처리, 지식표현, 자동추론 등이 있다.

이는 강한 인공지능(Strong AI)과 약한 인공지능(Week AI)으로 구분하기도 한다. 강한 인공지능은 인간처럼 생각(사고)하는 시스템으로 인지적 구조와 신경망이 있다. 약한 인공지능은 합리적인 생각(사고)을 하는 시스템으로 논리추출, 인과추론, 최적화가 있다.

인간의 지적 업무를 모방 또는 대체하는 기반 기술의 총칭이라는 인공지능이라고 한다면 산업의 가치사슬 단계를 고려할 때, ① AI생산 도구를 제공, ② AI활용 기반 제품 또는 서비스 제공, ③ AI 시스템 구축과 지원 서비스를 제공하는 산업으로 구별 가능하다. 인공지능산업은 인공지능 기술이 적용되어 가치를 창출하는 산업이다.

첫째, 인공지능 응용 소프트웨어 개발 및 공급업은 인공지능 기술을 적용하여 산업에서 발생하는 문제를 해결하거나 사업체 내부의 생산성 및 효율성을 향상하기 위한 소프트웨어를 개발·공급하는 산업 활동이다. 예를 들면, 대화형 인공지능(Conversational AI Applications)은 발화 주체의 음성과 언어를 인지하여 적절한 답변을 출력하거나 지속적인 상호 작용 기능을 제공한다. 컴퓨터 비전(Computer Vision)은 시각적 데이터에서 물체의 분류, 물체 간 관계, 상황 맥락 이해 등의 인지정보를 추출하는 컴퓨터 비전 기술 기반의 기술이다. 감정 인식(Affective Computing)은 사람의 음성·표정·행동 및 기타 맥락 정보를 이용하여 사람의 감정을 인식하는 감정 인식 기술을 기반으로 한다. 지능형 자동화(Intelligent Automation)는 수동/반복적인 업무를 자동화하거나 증강하도록 설계하여 개별업무뿐만 아니라 전체 업무 프로세스를 대체할 수 있다. 추천 엔진(Recommendation Engines)은 데이터 필터링과 인공지능 알고리즘을 적용하여 사용자 개별데이터에 기반을 두는 맞춤형 콘텐츠·제품·서비스 등을 추천하는 응용 소프트웨어다. 자율주행 소프트웨어(Autonomous Vehicles Software)는 차량의 조향·제동·가속 등에 있어 운전자를 보조하거나 완전한 자율주행을 지원한다.

둘째, 인공지능 구축·관리 및 정보 서비스업은 인공지능 기술·시스템 도입을 위해 구축 및 관리 서비스를 제공하거나 관련 정보 서비스를 제공하는 활동이다. 예를 들면, 인공지능 구축 컨설팅, 인공지능 시스템 통합(기획, 개발, 구축, 운영 서비스), 인공지능 시스템 관리(서버와 데이터베이스, 네트워크 환경, 애플리케이션 등 인공지능 관련 IT자원 관리), 인공지능 클라우드 컴퓨팅(클라우드 기반으로 인프라, 플랫폼, 소프트웨어 제공), 인공지능 정보 서비스(주문형 소프트웨어 제작, 데이터 분석 서비스)를 말한다.

셋째, 인공지능 연산 및 처리 부품·장치 제조업은 인공지능 연산, 처리 능력을 향상하기 위한 부품/장치를 제조한다. 예를 들면, 인공지능 전용칩으로 새로운 반도체 구조에 기초하여 인공지능에 최적화된 연산/처리 성능을 높이는 것을 말한다.

인공지능의 응용 범위가 넓고 강할수록 강한 인공지능이 되고, 범위가 좁고 특정 목적을 달성하려고 하면 약한 인공지능이 된다. 그렇지만 약한 인공지능, 좁은 인공지능이라고 하더라도 사람이 사용하는데 아무런 지장이 없고 오히려 일상에서 너무 자주 활용해서 인공지능인지 모르는 경우도 있다. 외국어 번역, 영상 인식분야에서 놀라운 발전이 대표적이다.

딥러닝의 발달과 챗봇의 성장

인공지능 관련 사례는 모두 데이터를 기반으로 하는 산업으로 전환되는 추세이며 축적된 데이터를 가공해서 사업에 어떻게 활용할 것인지가 관건이 될 것이다. 인공지능의 주요 응용분야를 구분해서 살펴보면 전문가 시스템, 자연어 처리, 데이터마이닝, 음성인석 컴퓨터 비전, 지능로봇 등이 있다.

전문가 시스템은 특정분야에 대한 전문지식을 체계화하고 어떤 문제가 발생해서 해결책이 필요하면 인공지능이 인간을 대신해서 해법을 제공하는 시스템을 말한다. 자연어 처리는 사람의 언어를 인공지능이 해석해주는 것이다. 데이터마이닝은 방대한 데이터에서 유용한 정보를 캐내는 것이다. 대표적으로 '암호화폐'가 있다. 음성인식은 사람의 언어를 컴퓨터가 해석해서 그 내용을 문자데이터로 보여주는 것이다. 컴퓨터 비전은 기계의 시작에 해당하는 부분을 연구하는 기술이다. 디지털 영상을 처리하거나 움직이는 물체를 인식해서 컴퓨터가 그 결과를 도출하는 것이다. 마지막으로 지능로봇은 로봇에 관련된 분야를 뜻하는 데, 인공지능 기술을 활용해서 인간의 영역을 로봇이 대신하는 것을 의미한다.

이와 같은 기술의 발달에 이바지하는 분야는 첫째, 인지 컴퓨팅 기술이다. 컴퓨터가 인간과 같이 정보를 습득하고, 그 정보를 이용해 의사 결정을 할 수 있는 과정을 시뮬레이션하는 기술이다. 둘째, 머신러닝이다. 프로그램화된 논리나 정형화된 규칙을 바탕으로 발생되는 데이터를 통해 학습하는 수리/수학적 알고리즘이다. 셋째, 딥러닝은 머신러닝과 유사하지만 인간 신경망을 모델로 새로운 데이터를 예측하는 기술이다. 넷째, 자연어 처리 기술로 컴퓨터가 인간의 언어를 알아들을 수 있게 인간처럼 말하고 쓸 수 있도록 한다. 마지막으로 음성인식은 인간이 발성하는 음성을 이해하여 컴퓨터가 다룰 수 있는 문자로 변환하는 기술이다.

특히, '챗봇(chatterbot)'은 사람처럼 자연스러운 대화를 진행하다가 단어만 일치하면 응답해주는 단순한 챗봇부터 복잡하고 정교한 자연어 처리 기술을 적용한 챗봇까지 다양하다. 챗봇 시장은 인공지능 기술의 확장과 함께 빠르게 도입되고 성장해 왔다. 이렇게 고도화된 챗봇 구현이 가능한 이유는 딥러닝 기술 때문이다.

인공지능 관련 산업의 발전은 다음과 같은 내용으로 인해 더욱 가속화 되었다.

먼저 알고리즘 개선이다. 새로운 딥러닝 알고리즘의 등장으로 기존 심층신경망의 문제점과 한계를 어느 정도 해결할 수 있었다. 그 다음으로 사물 인터넷의 발달이다. 센서로 실시간 데이터를 수집해 방대한 빅데이터를 만들어내는 원동력으로 작용했다. 이에 빅데이터는 텍스트, 동영상, 이미지, 음성 등의 데이터 수집으로 딥러닝 정확도 향상에 기여했다. 마지막으로 클라우드 컴퓨팅은 고성능 CPU 등으로 딥러닝 연산을 서버에서 담당해 다양한 데이터를 실시간으로 스마트폰이나 태블릿 PC등 모바일에서도 딥러닝 관련 서비스를 이용할 수 있게 되었다.

Visible Government
in the Digital Transformation Era

자산 투자를 전담하는 로보어드바이저

로보어드바이저(robo-advisor)란 로봇과 전문 자산 운용가를 의미하는 어드바이저의 합성어다. 컴퓨터 인공지능으로 이루어진 소프트웨어 알고리즘으로 투자자가 맡긴 자산을 대신 운용하거나 투자자 자산운용을 자문해 주는 서비스를 말한다. 그 역할은 기존 금융 서비스 과정을 통합한다. 현재 인간이 서비스하는 경우에는 고객대응은 영업장에서 프로파일링한다. 자산 운용가는 주식, 채권, 부동산, 대체상품을 분석한다. 이렇게 하면 트레이더는 금융 상품을 거래, 투자, 집행, 모니터링을 한다. 이처럼 금융상품과 관련하여 각 과정마다 역할이 존재하나 로보어드바이저는 이를 모두 같이 할 수 있다.

포트폴리오 관리, 시장 모니터링, 리밸런스(종목별 장기중기단기 모멘텀 분석), 최적화(시장 시그널에 따라 포트폴리오 최적화), 자등 거래(투자비중, 주문 목록 자동생성)등으로 정형 또는 비정형 금융 데이터 분석 기술이 개발되고 있다.

이처럼 로보어드바이저를 구현하는 핵심기술은 정형·비정형의 금융 데이터 분석이다. 기업데이터를 수집하고 분석해서 주가 분석에 반영한다. 재무데이터는 분기별로, 거래데이터는 시세, 거래량 등으로 분해한다. 재무 항목별로 군집화하고 노이즈를 제거하여 주가와의 상관관계를 분석한다. 분기별 재무 효율성, 일별 가격 매력도를 지수화하면서 투자매력도를 일별로 순위를 측정하여 자산을 배분한다. 그 다음으로 시황 판단은 특정시기의 상승, 하락, 보합빈도, 길이, 분포 변동성 등의 시계열 특성을 추출한다. 마지막 핵심기술은 인공지능 기반의 포트폴리오 최적화 알고리즘이다.

Visible Government
in the Digital Transformation Era

인공지능 정책결정의 낙관론과 비관론[2]

　4차 산업혁명의 핵심은 인공지능의 도입에 따른 산업의 자동화이다. 한국 정부는 초기 행정 업무효율화를 위한 전산시스템의 도입에 머물렀지만 현재 전자적 참여와 맞춤형 서비스로 진화되었다. 따라서 공공부문의 인공지능 도입도 시기상의 차이는 있더라도 궁극적으로 확대될 것은 명확하다. 인공지능의 주목받는 기능인 의사결정능력은 이미 어느 정도 민간 영역에 도입되었다.

　하지만 기업보다 사회 변화에 보수적일 수밖에 없는 공공부문에서 인공지능 정책의사결정은 다소 시기상조라는 이야기도 있다. 그럼에도 인공지능이 만든 정책이 초래할 낙관론과 비관론과는 별개로 아직 밝혀지지 않은 미지의 영역이라는 점에서 호기심을 자극한다.

　먼저 낙관론의 주요 주장을 간략히 살펴볼 수 있다. 고전적 의사결정과정은 6단계(문제인식, 정보수집, 대안탐색, 대안분석, 최종결정, 평가)로 구분되는 깔때기 구조인 반면, 인공지능 지능형 의사결정은 효율적이고 신속한 의사결정을 실현하게 해주고 정보의 계량화로 직관적이고 시각화된 정보를 받아 인간의 의사결정 합리성을 높여준다(강창우 외, 2016). 또한 복잡성 의사결정에서 분석적 접근을 기도하는 인공지능 의사결정

---

[2] 이 글은 서형준(2019)를 토대로 재정리했다.

이 나을 수 있으나, 불확실성하거나 모호성 상황에서 직관적인 사고를 할 수 있는 인간의 의사결정이 낫기에 인공지능과 인간이 상호 교류하는 인간-인공지능 공생 체계를 주장하기도 한다(Jarrahi, 2018). 기존 정보통신기술이 인간의 의사결정 전달 수단으로서만 작동하였다면, 인공지능기술의 적용에 따라 인간과 협업이 가능한 수준으로 변한다는 것이다(윤상오 외, 2018). 다른 연구에서는 인공지능 정책의사결정과 관련하여 현재까지는 공무원들의 업무를 보좌하는 개념에 머물러 있으나 미래에는 인공지능이 확대될 것으로 기대하고 있다(윤상오 외, 2018).

반대로 비관론은 인공지능의 알고리즘 편향에 따른 의사결정을 문제점으로 제기한다. 인공지능이 불확실하고, 처리 정보가 많은 상황에서 더 나은 의사결정을 가능하게 하지만, 알고리즘의 편향성에 따라 의사결정과정이 잠재적으로 편향될 우려를 제기하기도 한다. 인공지능 알고리즘이 인간의 의사결정보다는 덜 편향적이지간 여전히 의도하지 않는 편향성을 가질 수 있는 위험성이 있기 때문이다(IBM, 2017; Intel, 2017). 따라서 정부는 인공지능 도입에 편향성을 규제하는 연구가 필요하다. 인공지능이 프로그램 되거나 훈련되는 과정 또는 데이터 오염에 따라 편향이 일어날 수 있다는 우려도 있다.

인공지능의 의사결정 도입에 대한 현재까지 논의는 인공지능이 인간 의사결정자보다 우월한 측면도 있으나 아직까지 모든 의사결정상황에 도입할 만큼 충분히 신뢰할만한 도구는 아니다. 이는 인공지능의 의사결정이 보편화되지 않은 상황에서 인공지능의 의사결정이 가져올 파급효과를 단정적으로 언급하기 어려운 측면이 있기 때문이다.

합리적 정책결정에 활용되는 인공지능[3]

정책학에서 필수적으로 언급되는 합리모형은 종종 인간이 완전히 합리적이라는 가정을 지닌다. 그런데 인간이 완전한 합리성을 추구하기 어렵다는 한계에도 불구하고 정책결정을 설명하려는 후대 연구자에게 많은 영향을 주었다. 그런데 인공지능 지능정보기술의 발전은 그동안 불가능한 것으로 여겨지던 합리모형에 따른 정책결정에 근접하도록 한다는 점에서 의미가 있다.

과거 정부 패러다임은 정책을 세분화하고 각 조직에 위임하는 미분 방식의 정책결정과정이었으나 인공지능은 개인이나 조직 수준에서 정보를 파악하는 범위를 넘어 다양한 데이터를 결합하여 정책결정의 질을 높일 수 있다. 기존 정책결정은 공무원의 역량에 의존하였으나 인공지능은 사람이 하던 경험을 컴퓨터가 데이터를 통해 대신하기 때문에 정책결정이 경험 기반에서 데이터 기반으로 변화된다.

또한 평균지향 정책에서 사실기반 정책으로 정밀화된다. 기존 정책은 가장 빈도가 높은 평균적 사례와 추세에 기준을 맞춰왔으나 인공지

---

3 · 이 글은 서형준(2019)를 토대로 재정리했다.

능은 모든 데이터를 분석할 수 있기 때문에 개별 맞춤형 정책, 실시간 정책 등 사실기반 정밀정책(precision policy)이 가능해 진다(황종성, 2017). 정부의 정책결정이 '올바른 절차'만 보장하는 것에 비해 인공지능은 통합적, 과학적, 정밀한 의사결정이 가능하다.

인공지능이 공공부문에서 정책결정이 되려면 기존 정책결정과정의 한계를 극복하여 더 나은 결과를 도출할 수 있다는 확신이 있어야 한다.

첫째, 인공지능은 의사결정 자원 보유수준에서 충분한 정보를 가지고 가능한 모든 대안을 탐색하여 최선의 결과를 도출하는 합리적인 정책결정을 실현할 수 있다. 인공지능은 합리모형의 모든 정보를 가지고 모든 대안을 비교할 수 있는 역량에 가장 근접한 위치에 있다.

둘째, 인공지능의 정책결정은 투명성을 담보할 수 있다. 정책결정의 투명성 확보를 위해 증거 기반 정책을 강조하고 있으나 데이터의 역할은 정책결정을 보조하는 역할로 한정하고 있다. 따라서 지능정보기술 발전을 통한 의사결정지원체계의 혁신에도 불구하고, 별개로 인간 정책결정자의 판단이 개입되어 투명성과 신뢰성이 훼손될 수 있다. 이에 인공지능의 투명성 제고로 정책결정과정을 감독하는 감시기구의 필요성도 상대적으로 적어지고, 정책에 대한 불신도 낮출 수 있다.

셋째, 인공지능은 정책결정과정에서 객관적인 시각을 가질 수 있다. 인공지능은 비정치적, 이해관계가 없기 때문에 이러한 편향성에서 자유로우며, 인공지능은 사람이 아닌 데이터를 기준으로 정책을 만들기 때문에 가치중립적일 수 있다. 인공지능은 직접적으로 목소리를 내지 않는 침묵하는 다수(Silent majority)의 의견을 파악할 수 있을 것이다. 인공지능은 드러나는 의견만이 아닌 보이지 않는 패턴도 주목하기 때문이다. 정치적인 불신이나 무관심으로 침묵하는 다수라도 정형 또는 비정형 데이터를 남기므로 편향되지 않는 정책 대안을 제시할 수 있다.

넷째, 인공지능은 신속한 정책결정이 가능하다. 현재 기술의 발전 속도는 기존 법률·제도가 따라갈 수 없다. 기존 인간의 정책결정과정으로는 이러한 속도를 따라 잡는 것은 어렵고, 많은 이해관계자가 개입된 정책문제는 더 지연될 수 있다. 하지만 인공지능의 모든 과정이 거의 동시에 이루어져 기존의 의사결정단계를 뛰어넘어 신속성을 담보한다.

인공지능과 인간이 공존하는 공공영역[4]

국가 또는 정부 부문은 개인이나 기업이 마음대로 가입하거나 탈퇴할 수 없으므로 만약 인공지능 정책결정이 시행된다면 시민들은 인공지능의 결정을 그대로 수용해야 되는 상황에 처할 수 있다. 물론 이러한 우려에 대해 현재 인공지능이 인간을 압도할 것이라는 어떤 근거나 증거가 없기 때문에 과도한 걱정이기도 하다. 아직도 인공지능은 유용성과 한계를 동시에 내포하기 때문에 과도한 우려를 경계한다는 의미다(최

---

4 · 이 글은 서형준(2019)를 토대로 재정리했다.

계영, 2016).

먼저 윤리적 차원에서 인공지능의 정책결정에 회의적인 입장은 인공지능을 구성하는 데이터가 오염되어 있다면 편향되기 쉽기 때문에 다양성을 지닌 구성원이 포함되어야 한다. 머신러닝과 데이터 과학 윤리 필요성, 인간의 통찰력 유지 방안이 포함된다. 이는 가치중립적인 인공지능의 자가 학습은 오히려 악의적으로 이용될 경우 부정적인 결과가 도출될 수 있다. 특히, 정책결정 같은 많은 사람에게 영향을 끼치는 부문에서 편향된 데이터의 습득은 부정적인 결과로 이어질 수 있다.

책임성 문제도 언급된다. 인공지능 정책결정이 부정적 결과를 초래하면 그에 대한 책임을 누가 지는지도 고민해야 한다. 인공지능이 정책을 주도하면 오히려 인공지능은 인간 정책결정자의 책임 회피 대상이 될 수 있다. 손실보상까지 연결될 수 있다는 점에서 첨예한 법리적 논쟁을 야기할 수 있다. 인간 정책결정권자는 다양한 방식으로 결과에 대해 책임지나 인공지능은 책임 추궁이 불가능하다. 대표적으로 자율주행자동차의 교통사고 처리이다. 인공지능 의사결정에 대한 직접적인 책임을 묻기 위한 방안으로 인공지능 법인격을 부여하는 것도 논의되는 데, 자연인과 법인의 두 가지로 구성된 현행 법률에서도 사람이 아니지만 법인격을 부여해 처벌하는 것은 가능하다. 하지만 수많은 이해관계자가 관련되고 하나의 정책이 다른 정책과도 맞물리기 때문에 인공지능이 잘못한 것인지 어쩔 수 없는 것인지 등을 밝히는데 어려움이 있다.

또한 다양한 이해관계자와의 협의의 산물인 정책결정을 인공지능이 단독으로 판단하는 것이 옳은가 문제다. 완전한 인공지능 정책결정을 주장하는 사람은 인공지능은 사리사욕이 없고, 편견이 없으며, 이해관계자에 영향을 받지 않기 때문에 부패하지 않고 공정한 정책결정을 내릴 수 있다고 한다. 반대로 인공지능은 이해관계자들을 고려하지 않고 독단적인 정책결정을 내릴 수 있다. 인공지능이 이해관계자의 의견을 고려하더라도 실제 현장에서 인공지능 정책결정자가 어느 정도의 권위를 인정받을 수 있을지도 관건이다. 만약 단순 시스템으로 이해된다면 결국 기계적인 데이터 투입만 주목하고 실질적인 민의를 반영하는 것은 한계가 있을 것이다. 아직도 많은 부분에서 대면 의견수렴이 불가피한데 이를 간과하면 결국 불완전한 정책결정으로 귀결된다. 다른 측면에서 기존 민주주의 과정에 큰 변화를 초래할 수 있는데, 대의민주주의의 정치인이 설 자리를 잃을 수도 있다. 그러나 인공지능 정치인은 유권자와의 접점이 없기 때문에 유권자가 인공지능 정치인에게 영향력을 행사하기 어렵다. 따라서 인공지능의 정책결정이 긍정적 효과를 가져와도 절차적으로 민주주의를 담보하기 어려운 과정이 타당한지 의문이다.

인공지능의 확산에 따른 노동자의 대체는 매우 민감하다. 노동 대체의 핵심인 자동화는 물리적 근로와 정신적 근로가 인공지능으로 대체된다는 것이다(National Science and Technology Council, 2016). 문서정리, 자료검색 등의 단순 업무가 인공지능으로 대체될 것이므로 단순 일자리가 사라질 수도 있다. 단순 업무에 인공지능을 활용한 비용 경감은 시민들의 세금부담 경감과 추가적인 복지혜택으로 이어질 수 있다. 정부의 방만한 운영에 대해 불만을 가지고 있는 시민에게 작은 정부를 유지하면서 큰 정부와 같은 서비스를 기대할 수 있다는 점에서 긍정적일 수도 있으나, 인력감축을 받아들여야 하는 공무원 조직의 거센 저항이 예상될 수 있다.

하지만 인공지능과의 협력을 통한 문제해결을 통해 인간과 인공지능의 협력관계의 가능성도 있다. 인공지능이 오히려 인공지능 개발과 관리에 대한 직·간접적인 새로운 고용을 일으킬 수 있다. 인공지능을 활용하는 정부는 인력감축이 아닌 인간 업무에 대한 증강도 가능하다. 단순 업무를 대신하는 정부봇(Govbot)에게 단순한 의사결정과 정보입력 등을 대신하게 하고 인간은 더 창의적인 역할을 해서 인간-기술간 증강관계 형성이 가능하다(황종성, 2017).

인공지능 정책결정은 반복적인 단순 업무의 수준을 뛰어넘기 때문에 아직까지 인간 정책결정자를 앞서기는 어렵다. 따라서 인공지능 도입을 통한 인력감축, 유연한 정부를 구축으로 시민들에게 혜택이 돌아가야 한다(황종성, 2017; 윤상오 외, 2018). 동시에 기존 공무원들의 반발을 저해할 수준에서 인공지능의 도입 수준을 결정하고 공무원과 인공지능의 협조체계를 구축해야 한다.

인공지능 정책결정을 하려면 사회 다양한 부문의 데이터화가 필요하다. 많은 정부 조직이 인공지능 도입에 필요한 데이터 관리 역량이 충분하지 못하고, 인공지능을 훈련하고, 운영할 충분한 데이터가 부족하다. 데이터 구축에는 현실적으로 다양한 한계가 있는데 스마트시티의 구축이 활성화되어야 한다(Mehr, 2017). 하지만 인프라를 구축하더라도 사각지대가 존재하여 모든 정책요소를 데이터화하기는 어렵다.

한편 개인 사생활 침해 문제도 제기될 수 있다. 과거의 공공서비스는 수혜자가 특정되지 않는 서비스의 제공이 주된 초점이었다면 오늘날은 개인 맞춤형 서비스에 대한 관심이 높아지고 있기 때문이다. 그러나 개인정보 활용 문제는 필연적으로 개인정보보호논의와 충돌한다는 점에서 논의가 필요하다. 물론 데이터를 활용하더라도 개인을 특정할 수 없도록 하는 기술이 존재하지만, 정책결정에 제공할 정보의 수가 더욱 늘어나는 것은 변하지 않을 것이다. 정부가 이와 같은 논쟁을 피하기 위해서는 가급적 정부가 기존에 보유하고 있는 정보를 활용할 필요가 있다(Mehr, 2017). 또한 인공지능 정책결정 데이터 수집의 필요성에 대해 국민들의 협조를 구해야 하는데, 오늘날 공공부문과 민간부문을 가리지 않고 온라인 개인정보 누출이 만연한 상황에서 쉽지 않을 것이다. 결국 인공지능 정책결정이 성공하기 위해서는 투명한 정부, 신뢰받는 정부의 이미지를 먼저 구축해야 한다.

인공지능에 대한 낙관론과 비관론이 교차하지만 사회 전반적으로 인공지능 도입에 따른 영향이 크다는 점에 동의한다. 한국은 이미 전자정부 최상위권에 있는 국가이므로 공공부문의 인공지능 도입은 일부 논쟁이 있더라도 비교적 빠른 시기에 이루어질 것이다. 현재 인공지능의 주도적인 정책결정에 대한 회의적인 시각이 많지만 인공지능이 사회 전 분야에 퍼진 시점에서는 논의가 이어질 수 있다.

공공부문은 사회 전체적으로 미치는 효과가 광범위한 만큼 도입에 신중할 필요가 있다. 다양한 사회문화적인 시각에서 인공지능에 대한 파급효과를 검토할 수 있어야 하는데 공공서비스의 수혜자와 지속적 소통이 이루어져야 한다.

19세기 초 산업혁명시대 영국 노동자들이 증기기관의 등장으로 일자리를 잃게 되자 기계파괴를 의미하는 러다이트(Luddite) 운동이 실패로 이어진 것처럼 기술의 발전은 역사적으로도 거스를 수 없다. 사회 전분야에서 인공지능 기술의 도입이 사실화되는 상황에서 역기능을 선제적으로 대응하고, 순기능을 증대하는 방향으로 가야 한다.

블록체인으로 시도하는 행정개혁

블록체인은 누구나 열람할 수 있는 투명성과 누구나 참여할 수 있는 분산성, 공공성, 해킹 염려가 거의 불가능에 가까운 신뢰성을 담보하는 기술로 거래 내역을 암호 검사합(해시값)의 체인으로 전자장부화 함으로써 이를 실현시키는 것이다. 이는 전자정부법에 근거하여 정보기술을 행정기관 및 공공기관의 업무를 전자화하여 국민에 대한 행정업무를 효율적으로 수행하고자 하는 전자정부의 목적에 맞는 최적의 기술 개념이다. 투명성, 공공성, 신뢰성을 표방한 블록체인은 이렇게 전자정부를 위한 새로운 패러다임으로 해외 각국 정부에서 적용하고 있다. 현재 전자정부를 넘어 미래 융합형 정부로 진화하는 과정에서 블록체인을 도입하는 것은 과거 문서위주의 업무환경 속에서 타자기를 치던 공무원이 PC를 사용하는 것처럼 곧 시행착오와 학습과정을 통하여 일반화 될 것이다.

특히, 정부 행정 분야에서 블록체인의 기술을 활용하여 기존에 해결하지 못했던 문제를 해결할 수도 있다. 예를 들어, 식품을 취급하는 유통업체들은 상품 정보의 변경과 보안유지를 위해서 블록체인 기술을 활용할 수 있다. 기존 운송 또는 보관업체 중심으로 정보를 관리하면 과일이나 채소가 변질되더라도 원인을 밝히기가 어렵다. 그런데 블록체인 기술 기반 위에선 생산 이력부터 정보가 관리될 뿐만 아니라 정보의 삭제나 변경이 불가능하기 때문에 정확한 사고위치와 경위 파악이 가능하다. 이때 데이터의 신뢰성이 가장 중요하고 블록체인은 신뢰성을 담보해서 믿지 못하는 사람들이 믿고 거래할 수 있도록 하는 기술이다.

또한 부동산을 취득하는데 그 절차는 까다롭고 복잡하다. 합의에서 계약에 이르기까지 많은 시간과 비용이 소요된다. 하지만 블록체인 기술 기반의 신뢰프로세스로 부동산 등기가 가능하고 부동산 거래뿐만 아니라 행정업무의 효율성도 제고할 수 있다. 기존 서류 작업이 제로에 가깝게 줄어들고 신원 확인 시스템의 보안성도 확보될 수 있다. 이렇게 스마트계약을 활용하면 계약 실행 간 계약조건 이행을 수작업으로 확인할 필요 없이 자기실행이 가능해 중간에 사기 피해나 계약서 위조 등과 같은 부정적 행위를 방지할 수 있다. 또한 체인을 따라 데이터의 이동 경로를 추적하며 데이터 품질을 검토할 수도 있다.

영국, 에스토니아, 두바이 등은 정부 혁신을 가져올 블록체인을 본격 도입하고 있다. 이제 블록체인은 새로운 패러다임을 선도할 수 있는 잠재력으로 인정받고 있다. 거래비용이 높거나 중개기관의 효율성이 낮은 분야에서 두각을 나타내는 데, 향후 정착기가 되면 블록체인은 기존 정부서비스를 완전히 바꾸는 촉매제가 될 것이다.

미래 정부는 보이지 않는 손에 의해 밀실에서 이루어지는 정책이 아닌, 정책의 목적가치인 보이는 손(visible hand)이 이끌어 갈 것이다. 미래 한국 정부는 자기관리가 잘 되는 정부가 되어야 한다. 과거의 컴퓨팅 시스템을 기반으로 생산성과 투명성을 높이려 했던 기계적인 전자정부 이상의 차원으로 고도로 지능화된 정책결정과 집행을 수행하는 플랫폼 정부가 되어야 한다.

블록체인을 활용한 행정개혁은 단순히 자동화된 정부가 아니라 이념과 가치를 추구하는 보다 가치지향적인 정부라 할 수 있다. 미래의 스마트정부 혹은 지능형 융합정부도 이러한 가치지향성은 변하지 않을 것이다. 국가경영에 관한 정보와 수단들이 시민사회의 개개인에까지 분산되고 있는 현재의 추세로 보아 블록체인 기술이 적용된 정부는 기업가적 능력과 함께 모두에게 이익이 되는 공유재를 생산해야 하는 파트너십의 능력이 더 요구될 것이다. 행정의 생산성 및 능률성뿐만 아니라 정부자체를 투명화해서 내부 부패의 소지를 미연에 방지할 수 있다. 블록체인의 속성을 분산성, 보안성, 공유성으로 볼 때, 행정의 투명성은 블록체인의 분산성과 보안성 및 공유성과 밀접한 관련이 있다. 특히 분산성은 열린 정부를 지향하는 것으로서 정부·기업·시민 간의 공론의 장을 마련하는 블록체인의 핵심적인 속성이다. 공유성은 의사결정단계에서 상호 보유하고 있는 정보에 쉽게 접근하게 하여 의견교환을 활성화 할 수 있게 함으로써, 조직의 유연성 향상과 의사결정과정의 투명화 및 공식화시키는 효과가 있다. 보안성은 의사결정 및 집행과정에서 정부-기업-시민간의 중복체크를 할 수 있는 체제의 구축을 가능케 함으로써 정보의 왜곡과 밀실행정의 굴레를 벗어날 수 있도록 하는 정보의 정합성(integrity)을 실현할 수 있다. 이렇게 블록체인의 속성을 잘 이해하고 그 장점을 행정에 잘 적용한다면 그동안 상호 상충되는 가치로 여겨져 왔던 행정의 능률성·생산성·민주성·형평성·투명성 등을 동시에 확보할 수 있을 것이다(명승환, 2006).

막강한 보안성을 지닌 블록체인

인공지능(AI), 사물인터넷(IoT), 빅데이터(Big Data), 메타버스(Metaverse), 블록체인 기술(blockchain technology)과 같은 차세대 기술에서 블록체인 기술은 비트코인 열풍과 함께 가장 중요한 신기술로 주목을 받고 있다. 한국은 비트코인에 대한 개인 투자가 2017년 말에 증가하여 추측이나 도박이라는 부정적인 인식이 대다수였다. 그러나 다수의 연구는 사행성으로 전락한 가상화폐보다는 기술적 차원에서 블록체인에 관심을 가지기 시작하였다. 예를 들어, 해킹 방지의 유용성을 다양한 분야에 적용하려고 시도하는 중이다. 블록체인의 핵심 기술과 이론은 해킹방어의 유용성과 적용 분야의 시도가 가장 대표적이다. 블록체인이 주목받고 있는 이유는 기존 중앙집권형식의 저장방식이 아닌 상호 신뢰를 기반으로 상호 분장 저장의 원리를 이용하기 때문이다. 기존 방식은 중앙에 모든 것이 저장되어 있기 때문에 보안 위협이 가중되었다. 그런데 블록체인 기술은 기존 중앙 집중식 정보 저장소를 운영하지 않기 때문에 투명성과 보안성을 향상시키는데 유리하다. 블록체인에 보안성을 중심으로 금융 분야에 적용하고자 하는 연구가 활발하다.

블록체인은 데이터를 블록이라고 하는 일정 단위를 기반으로 생성된 구간의 데이터를 연결고리 구조로 구성한 것이다. 분산 저장하여 누구나 변경의 결과를 열람할 수 있지만 임의로 수정할 수 없는 기술이다. 지속적으로 변경되는 데이터를 모든 참여 노드(node)에 기록하므로 운영자 등 특정 개인의 임의 조작이 불가능하도록 고안되었다.

블록체인은 데이터 뭉치를 쇠사슬처럼 서로 엮어 놓은 것이다. 예를 들어, 보안 유지를 전제로 중요한 정보를 다섯 명이 공유하고 있다면, 한 명이 정보를 조작해도 나머지 네 명의 데이터를 모두 조작할 수 없다. 블록체인의 보안성은 중요한 정보가 개인에게 '사슬'처럼 서로 연결되어 있다면, 만약 한 사람이 정보를 조작하면 그 외의 모든 참여자가 조작자와 조작된 정보라는 사실을 알 수 있다. 조작자는 하나의 정보를 조작하기 위해서는 모든 사람의 정보를 고쳐야 하는데 수많은 개인과 연결될수록 블록체인 시스템에 적용된 정보는 보안성이 올라가고 해킹이 불가능하다. 각기 저장된 값은 이전 값에 영향을 받아 생성되므로 등록된 내용을 위·변조하는 행위가 매우 어렵고 동시에 해킹한다면 데이터 변조가 가능하지만 현실적으로 어렵다(명승환 외, 2019).

블록체인의 핵심 요소와 분권화

불록체인의 핵심 요소는 여러 가지가 있다. 첫째, 경제성과 혁신성이다. 블록체인의 경제적 측면은 특정 비용에서 최대 효과 원칙이다. 특정 효과에 대한 최소 비용의 원리에 따라 최고 효율을 보장할 수 있다. 예를 들어, 새로운 보험 데이터 집적과 보험금 청구 프로세스의 간소화도 가능하다. 보험 가입자 포트폴리오 관리를 간소화하면 보험 가입과 보험 지급 과정에서 불편함을 줄일 수 있다.

둘째, 범용성은 다양한 분야에서 사용될 수 있다는 것이다. 처음에는 블록체인이 유명한 가상화폐로 대중의 관심을 끌기 시작했다. 하지만 블록체인은 가상화폐 또는 경제시스템에만 국한되지 않는다. 당사자들

간의 거래가 이루어지는 현대 사회에서 많은 부분이 블록체인으로 대체될 수 있다. 예를 들어, 의학 분야에서 블록체인이 도입되면 이전 검사 결과가 블록체인 기반의 의료 기록에 누적될 수 있으며, 그 데이터를 기반으로 처방전이 채워지지 않아도 환자가 필요한 약을 처방 받을 수 있거나 또는 필요한 정보를 동시에 얻을 수 있다. 이를 투표시스템에 적용할 수 있다. 블록체인 전자 투표 시스템을 통해 투표 프로세스 내용과 결과가 즉시 암호화되어 선거 관리실로 전달되고 이는 실시간으로 누구라고 볼 수 있다. 스페인, 에스토니아, 호주, 덴마크 등에서 이미 블록체인을 활용한 투표시스템을 구축하는 중이다.

셋째, 보안성과 신뢰성은 누구도 임의로 수정할 수 없고 누구나 변경의 결과를 열람할 수 있다는 점이 핵심이다. 블록체인은 모든 참여자에게 거래 기록을 공유하며 서로 비교해 위조를 막는다. 이미 2016년에 국내 은행이 모여 은행권 블록체인 컨소시엄을 구성하였기 때문에 블록체인을 사용한 보안 기술의 도입이 더욱 가속화 될 것이다. 또한 스마트 시티의 정보 관리 등에 양질의 서비스를 제공하려는 연구를 진행하고 있다. 스마트 디바이스 개인정보보안에 대한 연구, 디지털 콘텐츠에 적용하는 연구 등도 활발하다.

넷째, 분권성은 분산원장 기술을 활용한 블록체인 기술이 사회적으로 많은 변화를 야기하면서 분권화 패러다임도 가속화되고 있다. 블록체인이 개인 간의 신뢰를 중요시하는 구조로 발전하면서 탈중앙화 논의로 이어지고 있다. 정보를 투명하게 공유하고 저장할 수 있는 블록체인은 기존 정보 독점과 대비되는 상호 감시가 가능한 새로운 정보 유통 방식이다. 현재 알고리즘은 사람에게 수많은 서비스를 제공하는 것 같지만 사실 우리는 누군가가 이미 설계한 알고리즘 안에서 정보를 검색하는 것이다. 블록체인 기술을 적용하면 거대한 정보 독점을 없앨 수 있을 것으로 기대할 수 있다. 이는 정부의 정보 독점을 줄일 수 있고 기존 정책 결정에 소수가 참여하는 경우에서 다수의 참여로 변환되면서 권력이 분산되고 대의 민주주의가 직접 민주주의로 실현될 가능성도 있다(명승환 외, 2019).

이미 블록체인을 활용하는 외국 정부

해외 각국은 블록체인을 공공부분에 속히 활용하여 다양한 정책을 시도하고 있다. 예를 들어, 미국의 보건정보기술국은 만성질환자와 고령인구의 증가에 따라 각 개인별 건강데이터의 안전한 관리를 위해 블록체인을 도입하고 있다. 사용자와 기관 등이 참여하고 인증하는 형태로 암호화된 건강데이터는 '데이터 호수(Data Lake)'에 저장되고 '의료기록소(Health Records)'가 사용자의 고유 식별자와 함께 '헬스 블록체인'에 저장되고 관리된다. 개인은 '헬스 블록체인'에 기록된 자신의 데이터를 열람할 수 있으며 공유하고자 하는 기관 등을 스스로 선정할 수 있으며 병원이나 정부는 기록과 관리 비용을 절감할 수 있다.

미국 우정청(USPS)은 별도의 중개자 없이 안전한 국제 전자송금이 가능한 금융플랫폼을 블록체인으로 구축하고 있다. '포스트코인 거래플랫폼'은 2000년대 이후 급감하는 우편물량 등에 따른 것으로 전국에 산재해 있는 우체국 네트워크를 전통화폐와 가상화폐를 잇는 플랫폼의 기능으로 대체하려는 노력이다.

영국 법무부는 디지털 수사증거 보존 활용체계에 블록체인 기술을 연동하고 있다. 영상편집 기술이 고도화 되면서 이미지의 위조와 변조가 가능해지므로 주요 증거가 법원에서 채택되려면 전자증거의 보존과 투명한 공유와 활용이 중요하다. 영국 법무부는 2017년 블록체인 기술 전략을 발표하였다. 고유한 디지털 수사증거를 관계자가 모두 믿을 수 있도록 각 디지털 증거에 고유한 코드를 부여하고 분산원장을 통해 거짓 증거를 판별하는 것이다.

영국 노동연금부는 복지 수당의 부정수급을 막고 복지수당 분배의 효율성을 높이기 위해 복지수당 결제시스템을 구축하기로 하였다. 청구인은 모바일 앱을 사용하여 수당을 받고 지출하며 거래내용은 분산원장에 기록하여 사기나 오류를 막고 취약계층에게 포괄적인 경제적 지원을 추진한다는 취지다.

두바이는 위·변조 없는 전자문서 기록 관리시스템에 블록체인을 도입해 디지털 형태의 종이 없는 정부로의 전환을 추진하고 있다. 4차 산업혁명 시대를 선도하기 위한 '스마트 두바이' 전략의 일환으로서 블록체인을 도입하는 것이다. 매년 1억 개 이상의 비자 신청, 청구서 지불, 자격 갱신 등의 필수문서를 디지털로 전환할 예정이다.

에스토니아는 블록체인 기반 전자서명을 활용한 전자시민증(e-Residency)을 발급받은 사람은 국적에 관계없이 에스토니아의 디지털 서비스를 받도록 지원하는 등 해외 인재와 자본유입을 시도하고 있다. 인구 120만 명의 에스토니아는 외국인에게도 전자시민증을 쉽게 발급하여 2025년까지 전자시민증 발급자가 1,000만 명을 넘고 10만 개의 기업이 더 늘어나는 등으로 디지털 경제활동 인구가 증가하고 있다. 전자시민증 발급에 데이터의 위·변조 가능성을 제거하고 있다.

러시아 모스크바시는 2014년 도입한 온라인 블록체인 전자투표 앱 '액티브 시티즌(Active Citizen)'을 통해 선거 보안의 취약점을 개선하고 투표결과의 투명성과 신뢰성을 제고하였다. 유권자의 투표정보를 블록체인에 기록, 네트워크의 사용자에게 전송하여 검증 가능한 시스템을 구축해 정보가 수정·삭제되면 그 정보가 저장된 다른 사용자에게도 알려져 결과조작을 사전에 방지할 수 있다(명승환 외, 2019).

공공부문에서 디자인 싱킹의 개념

공공부문의 활동과 개입의 목적은 상충하는 수많은 가치에서 사회적으로 가장 바람직한 가치를 실현하고 창출하는데 있다. 본질적 가치를 지향하는 공공가치 실현과 창출은 중요하다. 이해관계자들의 가치와 의사가 충분하게 표출되어 전체적인 신뢰와 협력을 바탕으로 자발적인 거버넌스가 이루어지는 것이 이상적이다. 공공부문에서 거버넌스 참여자가 추구할 가치는 무엇이며, 어떻게 문제를 정의하고, 어떤 방식으로 구체적으로 해결하는지에 대해 국민들에게 적극적으로 알리는 것이 필요하다. 이를 위해 창의적인 문제해결 방식인 디자인 싱킹(design thinking)을 적극적으로 접목할 필요가 있다.

디자인 싱킹은 공감(Empathy)을 바탕으로 문제를 해결하고 발견하기 위한 도구(Tool)와 마인드셋(Mindset)을 의미한다. 일반적인 디자인이 사람들에게 더 보기 좋게, 더 좋게 느끼게, 기능적으로 더 나아진 것을 의미한다면, 디자인 싱킹에서 디자인은 기존의 문제를 해결하면서 새로운 기회를 발견하고, 진정한 혁신을 위한 문제 재정의를 말한다. 인간의 요구, 기술의 가능성, 목표 달성 요건을 통합하는 접근법이다.

현재 산업구조를 바꾸고 코로나-19 상황을 극복하려고 다양한 분야의 사람들과 힘을 합쳐 문제를 해결하는 데 전력하고 있다. 시대가 직면하는 대규모의 복잡하고도 다양한 문제를 해결하려면 전체를 시스템적으로 파악하고 분석하는 힘과 동시에 창의적인 마인드로 문제를 다시 정의해야 한다.

개방적 사고를 환영하는 디자인 싱킹

아이디어에 대한 선입견을 버리고 개방적인 마인드로 문제해결을 해야 한다. 서로 다른 분야의 사람들과 협업을 하고, 새로운 시각으로 문제를 바라보며, 국민 관점에서 사물을 보고, 어느 단계에서든 아이디어와 해결방법이 개선될 수 있는 반복적인 과정이라는 점을 알아야 한다.

디자인 싱킹은 공감(Empathize), 문제 정의(Define), 아이디어 생성(Ideate), 프로토타입(Prototype), 테스트(Test) 단계로 구성되어 있다.

첫째, 공감 단계는 국민(고객, 수혜자)에 대한 인터뷰, 그림자처럼 사용자를 따라다니면서 관찰하는 쉐도잉(Shadowing) 등 고객을 이해하고 공감하는 노력이 중요하다.

둘째, 문제 정의 단계는 고객이 원하는 것을 찾기 위해서 진짜 문제를 찾는 것이다. 진정으로 바라는 바를 찾는 페르소나 기법, 고객의 공감맵(Empathy Map)을 채우다보면 문제를 이해하고 접근하기 쉬워진다.

셋째, 아이디어 생성 단계에서 각자 아이디어를 서로 공유하고 수렴과 발산 과정을 거치면서 우선순위를 정하는 것이 중요하다. 아이디어는 평가나 판단하는 것이 아니라 더 보탬이 되는 방향으로 이루어져야 한다.

넷째, 프로토타입 단계는 단순하고 빨리 만들어서 빠른 실패를 거듭하는 것이 중요하다. 중요한 것은 이런 과정을 재빨리 반복하여 사용자가 원하는 것을 찾는데 있다.

다섯째, 테스트 단계는 사용자의 환경에서 프로토타입이 어떻게 작동되는지를 이해하는 단계이다. 제대로 작동하는지, 원하는 것을 담고 있는지, 이 단계도 빨리 반복하는 것이 중요하다.

이렇게 디자인 싱킹과 기존의 아이디어 개발은 차이가 있다. 디자인 싱킹은 많은 사람들이 아이디어를 내놓았던 수많은 방법과 같다고 생각한다.

왜냐하면 지금까지 어떤 문제가 주어졌다면 그 문제를 풀기 위한 아이디어 구상으로 곧바로 해결책을 찾았다. 이렇게 만들어진 아이디어에 기술을 적용하고 제품과 서비스로 제안했다.

디자인 싱킹에서는 곧바로 아이디어를 구상하는 것이 아니라 진짜 문제를 정의하기 위해 고객을 충분히 공감하고 진짜 문제를 찾기 위한 인사이트를 발견하는 과정이 가장 중요하다. 본인도 깨닫지 못하는 놀라운 본심, 잠재적인 마음의 움직임을 말한다. 인사이트는 사람들의 말, 행동, 주변 환경에 대한 반응을 관찰해 단서를 얻을 수 있다. 혁신적인 해결책은 인간의 내재적 인사이트에서 나온다. 그러나 인사이트 발견은 어렵다. 그 이유는 우리의 의식이 자동적으로 필터를 걸기 때문이다. 따라서 신선한 눈빛으로 사물을 새롭게 보는 것을 배울 필요가 있다.

프로토타입이 반복되는 디자인 싱킹

개발자가 의도한대로 사용자가 이용하지 않을 때는 빨리 앞 단계로 넘어가서 프로토타입을 다시 수정하고 제대로 고객의 문제를 파악했는지 확인해 보아야 한다. 어쩌면 고객이 진짜 원하는 것을 찾는 첫 단계인 공감부터 엉뚱하게 이해했을 수도 있기 때문에 가장 첫 단계로 나아가야 할 수도 있다. 이것이 디자인 싱킹의 장점이다. 언제든 아니다 싶으면 빨리 틀렸음을 인정하고, 수정하고, 도전하면서 명확성을 높일 수 있다.

여기서 프로토타입은 아이디어 등을 생각한 것을 현실 세계에 내어놓는 것을 의미한다. 공간, 물건 등 형태가 있으면 모두 프로토타입이며, 그것은 처음에 빠르게 배우고 다른 가능성을 조사할 수 있도록 재빠르게 만들어야 한다. 고객에 대한 아이디어를 빨리, 값싸게, 내용과 관련된 것으로 만들면 좋다.

문제해결이 실행되기 전이라도 프로토타입을 작성하면 공감이 늘어난다. 직접 보여주기 때문에 여러 가지 해결방안에 대한 선택 사항을 고민할 수 있다. 이로써 프로토타입에서 문제가 없으면 다음 테스트 단계는 사용자가 겪는 적절한 환경과 맥락 속에서 미완성의 해결책을 평가하고 반복한다.

이때 프로토타입에 대한 구체적인 설명이 없이 사용자가 어떻게 본 서비스나 제품을 이용하는지를 봐야 한다. 프로토타입은 보완하거나 좋은 점에 초점을 맞추는 것이라면 테스트는 해결책에 개선의 여지가 있다고 생각한다. 또한 사용자에 대해 배우기 위해서 테스트를 실시한다. 테스트단계를 거치면서 고객과 공감을 구축하는 기회가 될 수 있으며 뜻밖의 인사이트를 가져올 수 있다.

디지털 트윈 모델의 연속적 특징

디지털 트윈의 개념은 다음 여섯 가지 단계로 구성된 연속된 절차로 이해하면 쉽다.

첫째, 생성 단계에는 물리적 공정과 주변 환경으로부터 중요한 입력값을 측정하는 수많은 센서들을 물리적 공정에 설치하는 과정이 포함된다. 센서의 측정 데이터는 두 종류로 분류된다. 생산 자산의 물리적 성능에 대한 관련 측정값과 물리적 자산의 운영에 영향을 미치는 환경 혹은 외부 데이터의 측정값이다. 예를 들어, 온도, 압력, 습도 등이 있다.

둘째, 전달 단계는 물리적 프로세스와 디지털 플랫폼 간의 매끄러운 실시간 양방향 통합·연결성을 지원한다. 디지털 트윈의 네트워크 통신은 경계 프로세싱(센서와 프로세스 기록을 연결, 신호와 데이터를 처리, 플랫폼으로 데이터를 전달), 통신 인터페이스는 센서 기능으로부터 통합 기능으로 정보 전달을 돕는다. 정보를 산출하는 센서는 어디에나 설치할 수 있다는 점을 고려할 때 공장, 주택, 광산, 주차장 등 구상 중인 디지털 트윈의 위치와 구성에 따라 많은 고민이 필요하다. 또한 경계 보안은 가장 일반적으로 방화벽, 암호화, 기기 인증 등이다.

셋째, 종합 단계는 데이터 저장소로 데이터 이관을 지원하는 데, 이 단계에서는 데이터를 분석하기 위해 준비하고 가공한다. 데이터 종합 및 처리는 자체 보유 시스템 혹은 클라우드 시스템을 통해 이루어질 수 있다. 데이터 종합 및 처리 역량을 강화하는 기술이 지난 수년간 크게 발전했다. 그래서 설계자들은 과거에 비해 매우 저렴한 비용으로 빠른 대규모 확장이 가능한 아키텍처를 만들 수 있게 되었다.

넷째, 분석 단계는 데이터가 분석되고 시각화된다. 데이터 과학자들 및 분석가들은 고급 플랫폼과 기술을 활용해 인사이트와 권고안을 창출하고 의사결정을 지원하는 반복 모델을 개발할 수 있다.

다섯째, 인사이트는 대시보드와 시각화를 통해 제시되어 디지털 트윈 모델과 아날로그 물리적 세계 사이의 수용 불가능한 차이를 밝혀 준다. 이에 추가적인 조사와 변화가 필요한 영역을 알 수 있다.

마지막으로 행동 단계는 이전 단계에서 얻은 행동 가능한 인사이트를 물리적 자산 및 디지털 프로세스에 적용해 디지털 트윈의 영향력을 실현한다. 인사이트는 물리적 공정상의 움직임 혹은 통제 장치로 입력되거나 공급사슬과 자재주문 활동을 통제하는 시스템을 갱신하는데 사용된다.

디지털 트윈 핵심 기술의 발달 단계

디지털 트윈을 구성하는 핵심기술은 가시화와 운영 기술, 분석 기술, 데이터와 보안 기술, 다차원 모델링과 시뮬레이션 기술, 연결 기술, 동기화 기술로 구분된다.

디지털 트윈의 핵심 요소는 물리개체/환경과 가상개체/환경 사이의 연결이다. 디지털 트윈의 물리개체/환경은 다양한 데이터를 발생시키며, 이러한 데이터는 가상개체/환경으로 전달되어야 한다. 예를 들어, 물리 교량(교각)의 3차원 시각화와 수동 입력된 값에 바탕을 두는 시뮬레이션을 제공하는 것만으로도 유용한 서비스이지만 센서를 통해 자동으로 수집된 현재 데이터를 기반으로 시뮬레이션이 동작한다면 가치 있는 서비스가 될 것이다.

디지털 트윈 모델 구성요소 파악 단계는 모델 기술적용 수준 및 적용대상에 따라 단계별로 구분된다. 선박(배)을 예로 든다면, 1단계는 현실세계를 복제한다. 현실세계의 선박 모습을 그대로 재현하여 현실에서 쉽게 이동이나 다각도에서 보기 어려운 환경을 자유롭게 돌아보기 위해 3D 모델링 기술을 이용하여 현실세계를 복제한다. 투시도도 현실세계의 모습을 투명 모델을 이용하여 내부를 들여다보거나 연결을 볼 수 있게 하여 현실세계의 대상물을 쉽게 파악할 수 있다. 2단계 가상 시스템에서 현실세계를 관제한다. 멀리 대양에 운항 중인 선박을 육상에서 실시간으로 상태를 파악할 뿐 아니라 원격제어를 통해 가상 시스템에서 현실세계 관제를 할 수 있도록 편의성을 제공한다. 3단계는 가상 시뮬레이션을 통한 현실세계 최적화다. 지금까지 하나의 현실세계를 가상세계로 복제한 후에 그 가상세계에 국한된 최적화가 주를 이루었다. 그러나 현재 사회에서 발생하는 현상들은 그 자체로 머물지 않고 다른 현상들과 복잡하게 상호 연계된다. 따라서 기존에는 하나의 디지털 트윈으로 현실세계를 최적화할 수 있다면, 복잡한 현실세계를 다루기 위해서는 여러 개의 디지털 트윈이 연결되어야 한다.

이제는 단일 디지털 트윈으로 현실세계를 최적화하기에는 현실세계의 현상들이 유기적이고 복합적(Complexity)이다. 기존 3단계로 정의된 디지털 트윈 기술 발전단계를 5단계로 확장하였다. 1~3단계는 묘사, 관제, 모의를 수행한다. 디지털 세계로 복제, 관제 및 최적화하는 단계로 하나의 현실세계를 하나의 디지털 세계로 변환하고 그 안에서 최적화를 수행한다. 1단계(묘사)에서는 물리대상을 디지털 트윈으로 복제하고, 2단계(관제)에서는 디지털 트윈 기반 물리대상 모니터링 및 관계분석을 통한 제어를 실시한다. 3단계(모의)에서는 디지털 트윈 모의결과를 통한 물리대상을 최적화한다. 4단계는 상호연계 및 상호운영을 최적화한다. 복잡한 현실세계를 최적화하기 위해 각각 최적화된 단일 디지털 트윈들을 상호 연계 운영을 최적화한다. 5단계는 자율적으로 문제점을 인지하고 해결한다. 유기적으로 연결된 디지털 트윈들이 현실세계의 문제점을 자율적으로 인지하고 최적화를 수행한다.

실시간 예방과 대응을 돕는 디지털 트윈

　디지털 트윈의 시뮬레이션은 '목적 지향적'으로서 적용 대상이나 응용 목적에 따라 실제의 객체를 묘사하는 해상도(상세도)와 충실도(정확도)가 다르다. 목적에 따라 다중 해상도 모델링을 통해 시뮬레이션을 수행할 수 있다. 해상도(충실도)의 모델로 대상 시스템의 전반적인 성능이나 효과를 빠르게 분석하고, 필요시 특정 관심 부분에 대해 고해상도(충실도) 모델로 상세분석을 수행한다. 모델의 3대 구성요소는 모델 구조 결정, 모델에 사용할 변수 정의, 모델 변수에 대한 연산 정의가 있다. 동일한 시스템이라 할지라도 모델링 목적이 달라지면 디지털 트윈 모델은 완전히 달라진다. 일반적으로 이를 모델링 시뮬레이션이라고 하며 시스템 설계 분석, 교육 훈련, 실험 임무 리허설, 시험평가 등의 목적으로 다양한 분야에 적용되고 있다. 그 유형은 Live 모의, Virtual 모의, Constructive 모의로 구분한다. 활용 목적에 따라 각 유형의 체계를 독립적으로 사용하거나 다른 유형의 체계를 통합하여 구성한 LVC 합성

환경이 사용되기도 한다.

　디지털 트윈 모델 구성 시 적용분야에 따라 성능의 최적화를 고민해야 한다. 특히, 지리정보시스템에서는 3차원 지도제작에서 3차원 객체를 효율적으로 구축하려면 멀리 있는 객체는 간략하게 표현하고, 가까이 있는 물체는 모양을 최대한 유지하며, 객체의 중요도에 따라 중요도가 낮은 물체는 낮은 정밀도, 중요도가 높은 물체는 높은 정밀도로 표현하는 것이 일반적이다.

　이와 같은 디지털 트윈은 물리적 환경의 장비, 여러 가지 장비나 시설의 연계, 물리적 또는 논리적인 제조공정이나 가상의 모델을 통해서 실시간 모니터링, 상태감지, 사고예방 대응, 예방 정비 등을 제공한다. 그러므로 고객이 요구하는 사업적 가치에 따라 디지털 트윈 모델 대상을 파악해야 한다. 예를 들어, 제조시설의 핵심장비, 주변설비, 이동형 설비 등과 같이 장비나 설비의 운영 데이터나 이력 데이터를 통하여 디지털 트윈 모델을 생성한다. 또한 전체 흐름이나 상황을 한눈에 파악하고 병목현상을 개선하기 위한 디지털 트윈도 있다. 대규모 시설과 연계되면 데이터 규모가 크므로 높은 성능의 실시간 처리가 필요하고 전체를 여러 분야로 관제를 할 수 있어야 한다. 항만, 철도, 교통 장비와 시설물이 대표적이다. 입체적인 시각화 화면을 활용할 경우 평면적인 화면 이상을 파악하여 각종 조치 시간을 단축할 수 있다.

　예를 들어, 스마트시티는 전체 교통의 흐름이나 미세먼지 등 환경영향 등을 시각적으로 파악하기 위하여 디지털 트윈을 구축한다. 물리적 대상만이 아니라 복잡한 프로세스를 거쳐야 하는 업무는 이상 상황 발생 시 상황을 파악하는데 많은 시간이 소요된다. 이를 파악하여 대응하는 과정에서도 특정 상황에 익숙치 않거나 실수로 전체 서비스의 원활한 제공에 차질을 초래할 수 있다. 이런 경우는 디지털 트윈을 통해 시각화해서 상황 파악 노력을 경감할 수 있다.

이렇게 구현된 모델이 설계서와 일치하도록 올바로 만들어졌는지 확인하는 과정을 주기적 검증(Validation)이라고 한다. 이렇게 검증되면 원래 목적에 사용할 수 있음을 승인 또는 인정(Accreditation)한다. 이는 인간을 복제품으로 만든다고 했을 때, 시간에 따라 변화되는 여러 장기와 혈액 등이 노화되면서 변화되는 모습이 모델에 반영되어야 하므로 지속적인 검증 과정이 이루어져야만 하는 것과 같은 이치이다.

디지털 트윈 구축에 공간정보 데이터 정의는 필수적이다. 실제 세계의 정보를 수집하여 무엇을 구축하고, 어떻게 표현할 것인지 결정해야 한다. 3차원 공간정보는 매우 중요하지만 아직 국내에는 미진한 상태이다. 현실과 동일한 디지털 도시 모델 구현을 위해 디지털 트윈 구축 대상을 먼저 선정해야 한다. 이는 굉장히 복잡한데 우리가 사는 도시는 무수히 많은 시설물이 존재하고 있으며 어떤 종류의 시설물을 트윈으로 구축할 것인지 예산, 기간, 구현하고자 하는 서비스에 따라 상이하다. 이와 같은 작업은 정부 지침에 근거를 두고 이루어진다. 예를 들어, 수치지형도 작성, 작업규정, 도로대장 전산화 및 관리지침이다.

이런 지침은 법률에 근거가 있으면서도 현재 작업자가 실제 현장에서 일하는 표준 지침이다. 이에 활용되는 '포인트 클라우드'란 3차원 공간상에 퍼져 있는 여러 포인트(Point)의 집합(Set cloud)이며 LiDAR 센서, RGB-D 센서 등으로 수집되는 데이터를 의미한다. 센서는 물체에 빛/신호를 보내서 돌아오는 시간을 기록하여 각 빛/신호 당 거리 정보를 계산하고 하나의 포인트(점)를 생성한다. 예를 들어, LiDAR는 라디오와 유사한 기술로 그 빛은 장치에서 전송되고 물체를 다시 반사한다. 라디오가 큰 파장 전파를 사용하고, LiDAR는 높은 정밀도를 위해 작은 파장 레이저를 사용한다. LiDAR는 레이저 펄스를 조사하고 피사체에 반사된 펄스를 수신할 때까지의 시간을 측정하여 거리를 측정하는 TOF(Time Of Flight) 방식을 주로 이용한다.

Visible Government
in the Digital Transformation Era

지능정보기술을 활용한 복합재난관리

'재난'이란 뜻밖에 일어나는 불행한 일로, 국민의 생명·신체·재산과 국가에 피해를 주거나 줄 수 있는 사건을 의미한다(중앙안전관리위원회, 2019). 정부에서는 이러한 재난을 관리하기 위해 예방, 준비, 대응, 복구의 네 단계 과정을 이행하는 데, 예방 단계는 재난 발생 이전에 재난 요인을 억제·예방하는 활동이며(Petak, 1985; Godschalk & Brower, 1985), 준비 단계에서는 자원을 확보하고 재난이 발생할 경우 확보된 자원을 신속히 배분·조달하기 위한 체계를 수립한다(Zimmerman, 1985). 대응 단계는 재난 발생 시 빠른 현장 대응을 통해 피해 확산을 막는 활동을 의미하고(Mushkatel & Weschler, 1985), 복구 단계는 자금과 자원을 지원하여 피해지역을 원상 복구하는 것을 의미한다(남궁근, 1995; Perry, 1985).

이러한 재난관리 과정은 전통적인 재난 구분을 기준으로 이행 방안이 마련되어 있다. 지금까지 재난은 재난의 발생 원인에 따라 자연적·사회적 재난으로 구분하였다. 그러나 최근 발생하는 재난은 발생의 원인이 자연적 요인인지 사회적 요인인지 구분하기 어렵다. 이처럼 서로 연관성을 갖고 있는 두 개 이상의 재난이 복합적으로 발생하는 것을 '복합재난'으로 정의한다. 이러한 복합재난은 다시 유형화 할 수 있다. 첫 번째 유형은 Natech재난(Natural Disaster Triggered Technological Disaster)으로, 자연재난에 의해 발생하는 기술재난을 의미한다(Cruz 외, 2006; Salzano 외, 2013; 오윤경, 2013: 12). Natech재난은 대도시 일수록, 기술이 복잡할수록 발생 가능성과 피해 여파가 크다(오윤경, 2013). 따라서 고도화된 기술 기반의 스마트시티는 Natech재난의 발생 가능성이 높다. 또 다른 유형은 흑고니(Black Swan) 타입의 재난으로 과거엔 한번도 발생하지 않은 완전히 새로운 재난을 의미한다. 신기술 확산으로 인한 부작용, 기술의 오작동, 신재생에너지 관련 화재 등 관련 경험과 지식이 없어 불확실성이 높고 예측가능성이 낮은 재난 유형이다(신상영·김상균, 2020).

결국 스마트시티와 같이 고도화된 기술 기반의 새로운 도시에서는 복합재난의 발생 가능성이 높아지며, 이러한 복합재난은 기존의 재난관리방식으로는 예측하거나 대응하기도 어렵고 이를 위한 책임소재를 명확히 하기 어렵다는 문제점이 있다. 이에 최근 지능정보기술을 활용한 재난대응 방안에 관한 논의가 다각적으로 진행되고 있다. 연구자들마다 지능정보기술이 활용되는 유형을 여러 가지로 구분하지만, 종합적으로 본다면 크게 두 가지로 유형화 할 수 있다. 첫 번째는 재난 예측을 위해 지능정보기술이 활용되는 경우다. 이를 위해 인공지능(AI), 사물인터넷(IoT), 빅데이터 등이 활용되며 '홍수 조기 경보시스템', 쓰나미 감시 시스템, 인공지능을 활용한 긴급출동서비스, 지능형 재난 예·경보 시스템 등이 여기에 포함된다. 두 번째는 예측하지 못하거나 예측했지만 미리 방지하지 못하여 재난이 발생했을 시, 이를 효과적으로 대응하기 위한 기술 활용 방안으로 로봇, 드론, 스마트기기, 디지털 트윈 등의 기술이 포함된다(한국전자통신연구원, 2019).

디지털 트윈을 활용한 재난관리

최근 스마트시티의 재난 대응과 관련하여 디지털 트윈 기술이 크게 주목받고 있다. 우리나라에서도 재난관리에 디지털 트윈 기술을 적용하기 시작했는데, 예방과 대응의 측면에서 각각의 사례를 살펴보자. 첫 번째 사례는 DSEC Project이다. 2018년 KT의 통신구 화재로 해당 지역과 인접지역의 통신이 마비되며 사회적으로 큰 피해를 입혔던 적이 있다. 화재의 직접적인 피해는 크지 않았지만 도시기능 정지라는 2차 피해가 커진 만큼 눈에 보이지 않는 '공동구'에 대한 관리의 필요성이 제기되었다(이영주, 2021). 이에 2020년 정부는 범부처 참여 주관으로 디지털트윈 기반의 지하공동구 화재·재난 지원 통합 플랫폼 기술 개발 사업을 시작했다.

지하 공동구는 전력, 통신, 상수, 중수, 난방, 쓰레기 수송관 중 최소 2개 이상의 관을 수용하는 지하 시설물이다. 공동구 내에서의 화재 발생 시 전력, 통신, 난방 등의 기능 정지로 인한 지역 피해가 발생한다. 지하 공동구에는 자체 발열 가능한 시설물이 설치되어 있고, 시설물의 노후화 등으로 인한 화재 가능성이 있다. 또한 지하 공동구가 땅 밑으로 매설되어 있어 재난 발생의 위치와 정도를 예측하는 것이 어려우며 소방관의 진입 또한 어렵다. 이러한 이유로 정부는 지하공동구의 상시 재난관리를 위해 디지털 트윈 기술 기반의 화재·재난 통합 관리시스템을 개발 중이며, 해당 시스템은 지하공동구의 3차원 공간 정보를 생성하고 여기에 지능형 멀티 센서 등을 통해 수집되는 실시간 데이터를 접목하여 실시간 감시, 재난 확산예측 시뮬레이션 등을 가능하게 할 예정이다 (DSEC Project, 2022).

두 번째 사례는 인천광역시의 사례로, 인천광역시는 기존에 운영중이던 GIS 플랫폼을 확장하여 이를 디지털 트윈화 하는 사업을 실시하고 있다. 해당 사업은 기존 GIS 플랫폼 보다 광범위하고 정교한 데이터를 수집·활용하여 인천시의 디지털 트윈 실현을 목표로 하는데, 이 중 디지털트윈을 기반으로 화재현장의 효과적 대응을 지원하는 스마트지휘시스템 개발이 포함되어 있다. 스마트지휘시스템은 화재현장에 출동하는 출동차량의 실시간 위치확인, 사건 대상물과 관련한 정보 제공, 위험물 및 유해화학물의 정보 제공, 재난 현장 주변의 CCTV 영상 제공, 소방용수시설 정보 제공, 길안내서비스 등이 포함되어 있어 기존 재난 대응 현장에서 발생할 수 있는 골든타임의 문제나 현장지휘 시 발생하는 여러 문제점들을 해결할 수 있도록 지원한다(인천광역시, 2021).

빅데이터 중심의 스마트시티 운영

오늘날 도시는 도시 문제를 해결하고 새로운 수요에 대응하기 위해 그 시대의 첨단 지식, 기술, 제도를 현명하게 사용해 왔던 과정과 결과의 축적이다. 도시에 활용되는 각종 사회기술은 사회문제를 해결하여 사회를 원활하게 운영하기 위한 넓은 의미의 기술이다. 최근 각광받는 스마트시티는 '스마트(smart)'+'도시(city)'를 의미하는 것이 아니라 도시를 스마트하게 만들고자 노력하는 제반 과정을 포함하는 의미다(이순자, 2017). 스마트시티에서 우리 삶의 공간은 다양한 위험 요인으로부터 안전해야 한다. 스마트시티는 도시민의 생활과 관련된 서비스 개발에 초점을 맞추고 있다(신우재, 2015). 또한 스마트시티에서 빅데이터는 큰 데이터가 아니라 네트워크 데이터라고 말할 수 있으며 아주 작은 데이터부터 사회가 연결되는 커다란 데이터까지 나름의 가치를 갖고 있다.

빅데이터 관점에서의 스마트시티는 데이터에 관한 것이 한 곳에서 관리되어서 분석이 되어야 한다. 해당지역의 빅데이터 분석을 기반으로 지역주민이 중심이 되는 결정과 운영이 되어야 한다. 지역 시민에게 필요한 지식과 정보가 데이터 기반으로 전달되어야 낭비를 줄일 수 있다.

그러므로 스마트시티 구축의 시작은 데이터 수집과 분석부터 이루어져야 한다. 빅데이터 분석을 통하여 시민들의 실지 삶이 어떻게 이뤄지고 있고, 무엇을 원하는지 알아야 한다. 뉴스와 SNS에서 공통적으로 강조되는 부분은 스마트시티에서 살고 있는 사람의 생활을 나타내는 대표적 단어라고 볼 수도 있다.

빅데이터 관점에서 스마트시티를 구현하려는 도시는 여러 가지 어려움을 겪을 수 있다. 첫째, 다양한 데이터가 부서별로 산재해 있다. 다양한 데이터에 다수의 부서가 협력적으로 대응하고 이를 통합적으로 관리해야 한다. 둘째, 스마트시티 관련 기술 등 관련한 중복 투자와 비용 부담이 높아진다. 셋째, 시민이 체감할 수 있는 스마트시티 실현에 필요한 관련 서비스나 제품이 부족하다. 스마트시티를 추진하는 핵심 사업의 근간을 사람으로부터 출발하는 관점이 필요하다. 데이터의 발원지로서 시민 개인에게 맞춤형 서비스가 되어야 하며 그 방법으로 디자인 싱킹이 있다.

스마트시티는 중요한 기반 시설의 모니터링 및 통합, 자원 최적화, 유지 관리 활동 계획, 시민에 대한 서비스를 극대화하면서 보안 모니터링이 포함된다. 20년 전에 시작된 스마트시티 애플리케이션은 이제 삶의 광범위한 측면을 다루는 애플리케이션으로 진화했다. 이러한 발전의 핵심은 빅데이터 등장이다. 빅데이터의 특성은 규모(Volume), 속도(Velocity), 다양성(Variety), 진실성(Veracity), 가치(Value)라고 대체로 많은 사람이 동의한다.

스마트시티의 초창기는 1980년대 후반으로 발전, 물 처리, 비디오 모니터링의 첫 단계로 당시 통신 네트워크를 통한 실시간 데이터 교환에 대한 중앙 집중식 관리의 혁신이 중요했다. 기술적인 측면은 스마트시티의 본질과 관련은 있지만 기술적으로는 실제로 통합되거나 상호간 연결되지 않았다.

1990년대에는 사용 가능한 컴퓨팅 성능이 발전하고 웹 서비스의 도입, 모바일 무선 네트워크의 출시로 인해 스마트시티의 개발이 더욱 발전될 수 있었다. 통신 네트워크는 여전히 일반적으로 좁은 대역에서 유효했지만 거의 모든 장소와 시간에 원격 장치를 중앙 처리 플랫폼과 연결하고 통합하는 것이 가능해졌다.

2000년대 후반에는 광대역 이동성, 클라우드 컴퓨팅의 초기 단계로 스마트 장치에 저렴한 센서가 등장하였다. 데이터 센터는 중요한 요소가 되었고 사람과 장치가 완전히 연결되어 광범위한 인구가 스마트 환경의 혜택을 받기 시작하고 스마트시티에 관련된 애플리케이션이 시민들에게 필요했다.

안전, 교통, 전력을 책임지는 스마트시티

　스마트시티의 교통 관리 시스템은 신속하고 비용 효율적으로 상황에 대처할 수 있도록 돕는다. 스마트 트래픽 기술을 통합하면 더 나은 성능을 경제적으로 얻을 수 있다. 길거리와 고속도로를 괴롭히는 문제는 교통 체증을 유발한다. 응급 차량은 병목 현상으로 속도가 느려져 잠재적으로 생명을 위험에 빠뜨릴 수 있다. 이러한 난제에 직면해 '스마트시티'는 하드웨어, 소프트웨어, 클라우드로 구성되는 '지능형 교통관리'가 중요하다. 센서, 카메라 등을 사용하여 교통 흐름을 최적화하고 교통신호등, 고속도로 램프 미터기, 버스 고속 통과 차선, 고속도로 메시지 보드, 심지어 속도 제한과 같은 제어를 유동적으로 조정할 수 있다.

　2021년 국토교통부는 교통량을 실시간 분석하고 긴급자동차에 우선 신호를 보내는 '스마트 신호운영 시스템'을 전국으로 확대 구축하고 있다. 교통량에 따라 실시간으로 신호를 최적으로 제어해 정체를 최소화하여 차량흐름을 원활하게 하거나 소방차 등 긴급차량에 우선 신호를 부여하는 등 교통체계에 디지털 기술을 접목한 신호운영체계를 말한다.

　안전을 책임지는 스마트시티란 기존 안전도시와 4차 산업혁명 기술이 적용된 스마트도시의 접목으로 다양한 위험요인으로부터 안전한 도시를 구축하는 것이 목적이다. 재난으로부터 시민이 안전한 도시로 안전 환경 개선을 위해 지역사회 구성원들이 공동체를 형성해 환경을 개선하는 것이다.

빅데이터 기반의 통합 데이터베이스 구축은 개방형으로 구축하고 위치 정보, 인공지능 등과 연계하여 분석할 수 있어야 한다. 재난관리에 관한 의사결정을 할 수 있도록 재난 특성에 따른 데이터를 구조화하고 패턴을 분석할 수 있도록 정부와 지방자치단체를 중심으로 노력하고 있다.

스마트그리드는 전기의 생산, 운반, 소비 과정에 정보통신기술을 접목해 효율성을 높일 수 있도록 하는 지능형 전력망 시스템이다. 전력망을 지능화·고도화하면서 고품질의 전력서비스를 제공하고 에너지 이용 효율을 극대화하는 전력망이다. 현재 전력시스템은 예상수요보다 15% 정도 많이 생산하도록 설계되어 있어 각종 발전설비가 추가적으로 필요하며 버리는 전기량이 많다. 이에 스마트그리드는 에너지 효율 향상을 목표로 에너지 낭비를 절감하고 신·재생에너지에 바탕을 둔 분산 전원의 활성화를 할 수 있다.

본질적으로 스마트그리드는 전력망에서 나오는 새로운 정보 흐름, 재생 에너지의 분산된 생산자와 같은 새로운 참여자, 전기 자동차, 새로운 통신 장비, 원격 제어 지점 등 에너지 관련 기업이 직면할 데이터의 홍수를 야기할 것이다. 이때 빅데이터 기술은 고급 데이터 관리에 적합하다. 전력시스템에서 고객 행동, 보존, 소비, 수요를 이해하고 정전 등을 추적하는 것과 같이 이전에는 할 수 없었던 일을 수행할 수 있다.

지능정보화 사회에서 행동경제학의 가치[5]

4차 산업혁명을 계기로 지능정보기술은 다양한 분야에 적용되면서 주요국들도 지능정보기술을 위시한 국가전략을 도입하고 있으나 일각에서는 이러한 기술주도의 사회에 대한 우려가 적지 않다. 최근 인공지능을 활용한 산업 자동화의 확대로 단순 노무직을 중심으로 이러한 노동대체 현상이 두드러지고 있다. 이외에도 지능정보기술 도입으로 야기될 부정적 영향에 대한 문제가 적지 않기 때문에, 섣부른 도입은 오히려 역효과를 야기할 수 있다. 지능정보기술은 공공부문의 디지털 전환(digital transformation)에 필수적인 인프라를 제공하는 만큼 중요한 요소이다. 하지만 현재까지 지능정보기술을 도입하려는 정부의 시각은 주로 기술결정론적 관점에서 경제적인 효과 등 편익에 집중하고 있다.

행동경제학은 심리학과 경제학이 결합한 융합학문으로 인간의 합리성과 논리성을 전제로 이해하는 주류경제학과는 다르게 인간의 비합리성과 비이성성에 비중을 두고 사회 현상을 설명한다(마정미, 2016). 주류경제학에서 가정하는 합리적 인간과 다르게 현실의 인간은 선호가 뒤바

---

5 · 이 글은 서형준(2020)을 토대로 재정리했다.

꾸고, 스스로 효용을 극대화하지 못하는 경우가 많아 경제학자들은 기존 주류경제학의 가정의 수정에 필요를 느끼고 심리학에 관심을 가지게 되었다.

행동경제학을 다루기 위해서는 합리성(rationality)에 대한 논의가 선행되어야 한다. 합리성은 주어진 목표와 제약조건 하에서 다양한 대안들 중 최소의 비용으로 목표 달성이 가능한 대안을 선택하는 행위 또는 동일한 비용으로 최대의 목표 산출이 가능한 대안을 선택하는 행위다 (Simon, 1964; 최종원, 1995: 312 재인용).

인간의 사고는 시스템 오류에 취약하며, 시스템 오류들의 발생 원인은 인지 조작의 설계에 의한 것이다. 행동경제학의 프로스펙트 이론은 손실과 이득에 대한 소비자의 심리적 가치가 비대칭적이라 지적한다 (Kahneman & Tversky, 1974; 1979). 행동경제학은 오늘날 단순히 인간의 비합리성을 지적하는 것이 아닌 비합리성의 원인을 찾고, 이를 통해 더 나은 선택을 유도하는 방향으로 활용되고 있다. 행동경제학에서는 비합리성은 일정한 패턴을 지니고 있기 때문에 개인의 행동은 예측 가능하다고 보았으며, 비합리성의 패턴을 발견하여 의사결정의 합리성을 제고할 수 있는 것이다.

공공부문에서 기존의 합리적 인간을 가정하고 설계한 정책이 의도하지 않은 결과를 가져오면서, 행동경제학적 관점에서 공공문제를 다루려는 시도가 나타나고 있다. 행동경제학의 대중화로 영미권을 중심으로 실제 공공정책에 도입되기도 하였다. 대체로 이런 프로그램은 행동경제학의 요소인 현재지향 편향, 손실회피성, 초기값 효과 등을 파악해 국민의 프로그램 선택 등을 유도했다. 그렇지만 국내에서 행동경제학을 적용하려는 움직임이 있으나 현재까지 학문적인 제언에 한정되어 있다.

현재 지능정보기술 관련 정부의 주요 계획 등은 지능정보기술을 활용한 국민 편익의 극대화에 초점을 맞추고 있다. 합리적 사고에 따르면 지능정보기술의 도입에 따라 정치·경제·사회적으로 긍정적이다.

하지만 지능정보기술은 양면성이 존재하기 때문에 역기능에 대한 고려를 해야 한다. 이득과 손실의 크기가 동일하다면 일반적으로 손실이 이득의 두 배 정도 더 크게 느낀다. 이와 같은 논리라면 정부가 제시하는 지능정보사회의 긍정적인 미래상에 대해 국민들이 동의하지 않거나 오히려 부정적으로 판단할 수도 있다. 더구나 정부가 역기능에 대응하기 위한 조치도 비합리적인 사고때문에 실패할 가능성도 있다.

기존 지능정보기술 쟁점에 관한 연구는 지능정보기술의 사회적 파급효과를 다루고 있으며 역기능과 같은 맥락이다. 다만, 주로 기술 중심 시각에서 비롯되고 있으며 시민이 어떻게 받아들일지에 대한 고민이 다소 부족하다. 이에 행동경제학적 관점은 인간중심적인 지능정보기술 정책 구현에 기여할 수 있다. 행동경제학은 인간의 한계를 수용하면서 긍정적인 개선방향을 제시하는 학문이다. 인간은 태생적으로 비합리적으로 태어났고 그러한 비합리성이 때로는 휴리스틱처럼 긍정적인 결과를 도출할 수도 있다(Tomono, 2007). 지능정보기술 정책을 구현하는데 수혜자에 대한 고려가 선행되어야 한다.

Visible Government
in the Digital Transformation Era

가용성 휴리스틱과 빅브라더의 위험[6]

지능정보기술 도입과 관련해 빅브라더로 대변되는 전체주의적인 통제국가의 등장이다. 시민통제와 관련된 행동경제학적 분석틀은 이중 프로세스 이론과 가용성 휴리스틱으로 설명될 수 있다. 프로세스 이론은 직관적인 사고를 하는 시스템 1과 숙고적인 시스템 2로 구분되며, 편향을 발생시키는 것은 시스템 1이다. 시스템 1은 자동시스템으로도 불리며 신속하고, 무의식적으로 이루어지는 반면, 시스템 2는 숙고시스템으로 신중하고, 의식적으로 이루어진다(Thaler & Sunstein, 2008). 가용성 휴리스틱(availability heuristic)은 어떤 사상이나 출현하는 빈도나 확률을 판단할 때 그 사상과 관련된 사례를 생각해내고 그것을 기초로 판단하는 것이다(Tomono, 2007).

지능정보기술이 전문가의 영역에 해당하기 때문에 일반 시민은 대중 매체를 대하면서 지능정보기술의 이미지를 판단한다. 이러한 이미지를 꾸준하게 시민에게 심어준다면 문제가 발생할 여지가 있다. 시민통제라는 휴리스틱과 결부되어 영향을 주는 것은 시스템 1의 사고체계이다. 시스템 1의 사고를 통해 사람들은 자신의 기존 신념과 믿음에 부합하는 정보를 신뢰하는 정도가 강하다. 사람들은 일반적으로 대립되는

---

6 · 이 글은 서형준(2020)을 토대로 재대리했다.

가치나 이해가 대립되는 상황에서는 일반적으로 숙고시스템보다 직관적이고 본능적인 자동시스템(시스템 1)을 더 선호한다. 따라서 시민들이 공공부문에 대해 보이는 낮은 신뢰는 정부가 주도하는 지능정보기술 정책을 수용하지 않는 것으로 이어질 수 있다.

공공부문에 대한 낮은 신뢰라는 시스템 1의 사고는 지능정보기술은 빅브라더라는 가용성 휴리스틱의 결합을 통해 지능정보기술은 시민통제 수단으로 악용될 수 있다는 확증편향(confirmation bias)으로 이어질 수 있다. 표면적으로는 시민들의 인식을 바꾸기 위해 지능정보기술의 긍정적인 측면을 강조하는 콘텐츠를 자주 노출시켜서 시민들의 가용성 휴리스틱을 전환하는 시도가 있을 수 있다. 시스템 1의 사고에 따라 시민들은 자신들의 신념과 반대되는 증거가 많아도 외면하고, 반대로 신념을 지지해주는 증거를 더 수집하려고 한다.

노동자 대체 논란을 일으키는 스마트 사회[7]

지능정보기술의 확대에 따른 노동의 대체문제는 낙관론과 비관론이 첨예하게 대립하는 부분이다. 독일 '인더스트리 4.0'의 제조업 부흥 전략은 기존의 공장 자동화를 넘어서는 사이버물리시스템 기반의 스

7· 이 글은 서형준(2020)을 토대로 재정리했다.

마트 공장(Smart Factory)이 핵심이다. 이러한 사이버물리시스템은 기존 공장의 기계 설비의 중앙집중 생산이 아닌 부품과 설비가 상호작용을 통해 분권화된 생산으로 대규모 맞춤 생산과 개인화된 생산을 가능케 한다. 스마트 공장은 인간의 개입을 최소화하는 방향으로 구축될 수밖에 없다.

정형화된 업무 외에도 인공지능기술의 발전으로 비정형업무에 활용될 가능성이 높기 때문에 향후 대체될 일자리의 증가가 더 커질 수 있다. 반대로 노동대체가 아닌 노동증강(augmentation)을 강조하는 시각도 있다. 이렇게 지능정보기술의 도입에 따른 노동대체와 증강을 두고 전문가의 주장이 상반되고 있는 가운데, 일반적으로 지능정보기술이 일자리를 빼앗아 갈 수 있다는 노동대체에 대한 관점은 일반인에게 널리 퍼져 있다.

여기서 프로스펙트(prospect) 이론에서는 현재 상태를 기준으로 이익과 손실을 판단한다는 논리로 원점을 현재의 상태로 보고, 손실은 마이너스 가치, 이익은 플러스 가치로 상정한다. 프로스펙트 이론의 손실 회피성(loss aversion)에 따르면 손실이 똑같은 이익보다 더 강하게 평가되며, 액수가 같은 손실과 이익이 있다면, 손실액으로 생긴 불만족은 이익금의 만족보다 더 크게 느껴진다(김진영·신용덕, 2011; 채종헌·김동헌, 2012).

노동대체와 노동증강에 대한 각각의 손실과 이익을 비교한다면, 사람들은 노동대체라는 손실에 대한 인식을 강하게 가진다. 지능정보기술로 새로운 일자리가 창출되어도 자동화로 일자리를 잃었던 사람들이 새로운 일자리를 대체할 수 있다는 보장은 더 없다. 새롭게 창출되는 일자리의 유형도 고숙련의 일자리에 해당하기 때문에 영향을 많이 받을 수밖에 없는 단순 노무직 등은 많은 관련 전문가들이 공통적으로 사라질 직업으로 예견하고 있다.

한편 손실회피성에 따른 효과는 보유효과(endowment effect), 현상 유지 바이어스(status quo bias)가 있다. 보유효과는 어떤 물건이나 상태를 소유하고 있을 때는 그것을 지니지 않을 때보다 그 자체를 높게 평가한다는 것이다. 현상유지 바이어스는 사람들이 현재 상태에서 변화되는 것을 회피하려는 성향이다(Tomono, 2007). 변화를 시도하면 좋아질 가능성과 나빠질 가능성이 존재하는 데, 나빠질 가능성을 높게 보기 때문에 손실 회피 작용이 나타난다는 내용이다. 보유효과 측면에서 현재 일자리를 소유물로 본다면, 지능정보기술 도입으로 새로운 일자리는 이득이나 보유효과에 따라 일자리를 잃는다는 손실 인식이 더 크게 나타난다. 현상유지 바이어스 측면에서는 고용시장의 변화 자체가 손실로 인식되기 때문에 사람들은 더욱 보수적인 태도를 견지하게 된다.

노동대체의 가능성에 따라 소득재분배 논쟁도 중요하다. 일자리를 잃고 소득이 줄어드는 사람이 있는 반면, 지능정보기술을 활용하여 소득이 증대하는 사람 간의 불평등 고착화 우려다. 행동경제학은 경제학적으로 합리적이고 이득이 된다고 해도 사람들의 감정을 상하게 하면 반대 효과가 발생하며 이를 불평등 회피성으로 설명한다(채종헌·김동현, 2012).

Visible Government
in the Digital Transformation Era

프레이밍 효과와 개인정보침해 논란[8]

지능정보기술의 핵심은 데이터에 있으며 정부의 지능정보화 관련 계획도 데이터의 수집과 활용을 기반으로 한 다양한 공공서비스 창출이다. 증거기반 정책(Evidence-based Policy) 수립은 기존의 통념·관행에 의존한 의견기반 정책(Opinion-based policy)과 구분되며 정책수립에 객관적·과학적 증거를 활용하는 것이다. 최근 데이터 기반 정책 수립(Data-Driven Policy-making)이 주목받고 있다. 사회 다양한 영역의 주체로부터 의도된 데이터뿐만 아니라 숨겨진 패턴(pattern)과 의미(meaning)를 발굴하는 방법론이 개발되고 있다(김유심, 2016).

특히, 개인정보 수집과 활용에 대해 사전 동의를 받는 민간부문과 다르게 공공부문은 법적인 권한에 따라 사실상 강제적으로 개인정보를 취급·관리할 수 있다. 물론 이러한 개인정보가 기존에는 성별, 나이, 거주지 등 일반적인 정보에 지나지 않았지만 이제 비정형 데이터도 수집이 가능하기 때문에 논란이 제기될 수 있다.

행동경제학의 관점에서 개인정보침해 논란과 관련된 쟁점은 프레이밍 효과(framing effect)로 설명하고자 한다. 프레임은 상황이나 문제의 표현방법으로 프레임에 따라 선택이 달라진다. 정책에서 프레이밍 효과

---

8 · 이 글은 서형준(2020)을 토대로 재정리했다.

는 정책이 희망적이게 보이도록 긍정적인 표현을 사용하는 경우가 대표적이다. 프레이밍 효과가 한 번 구축되면 사람들의 행동과 사고가 그 프레임 안에서 이루어지기 때문에 프레임을 깨지 않는 한 변하기 어렵다. 프레이밍 효과에서 초기값(default) 효과는 프로스펙트 이론의 현상 유지 바이어스와 동일한 개념이다. 초기값 효과는 두 개의 상태 가운데 어느 쪽이 되느냐에 따라 선택이 달라지는 데, 일반적으로 초기값을 고수하려고 한다(곽동석, 2014).

지능정보기술의 개인정보침해를 주장하는 입장의 프레이밍 효과는 기본적으로 손실 프레임의 입장으로 지능정보기술의 투명성 의문, 개인정보에 대한 자기결정권 부재, 개인정보를 정부가 오남용 할지 모른다는 인식, 시민을 억압할지 모른다는 위험 프레임 등이 다양하게 복합되어 있다. 반대로 이득 프레임은 정부 입장으로 시민의 데이터를 활용하여 시민들에게 맞춤형 공공서비스를 제공해 삶의 질을 제고한다는 것이다.

한편 데이터 활용과 관련하여 최근 데이터 3법 개정에서 논란이 되는 부분은 개인정보보호법에 가명정보 개념을 신설하고 이를 상업적 목적으로 활용할 수 있게 된 부분이다. 가명정보는 수요기관이 결합신청서를 제출하면 결합전문기관에서 가명정보 결합 후 안전성이 확보된 분석 공간 내 처리가 가능하며, 반출이 필요한 경우 전문기관 승인 후 반출이 가능하다(관계부처합동, 2020).

지능정보기술의 개인정보침해 문제를 해결하려면 인공지능기술을 중심으로 인공지능 시스템에 대한 신뢰, 시민들이 자신들의 정보가 어떻게 쓰이는지 알 수 있는 모니터링 체계, 정부의 투명한 데이터 수집, 시민들에 대한 자기정보결정권을 부여하는 것을 방안으로 제시할 수 있다(Mehr, 2017).

보이는 정부와 합리적 선택주의

기존의 합리모형 정책결정에서 문제는 이론과 현실의 괴리를 좁히기 위한 노력을 기울이지 않았다는 점이다. 조직 내외의 다양한 변수가 합리적인 의사결정을 내리는데 장애요인으로 작용하기 때문에 어쩌면 정보통신기술은 수단 또는 매개 변수로서 역할에 그칠 가능성이 크다. 즉, 정보통신기술 도입이 조직의 변화를 가져오는 유일한 독립변수가 아니라는 것이다. 이러한 상황에서 개념 및 이론과 현실과의 괴리를 좁히는 방법은 조직 내에서의 '혁신'이나 '개혁'이라는 의도적 노력이다.

지식정보사회에서 의사결정과정의 합리화는 순수한 합리모형보다 합리성의 수준을 조직의 상황에 맞게 조절하는 '탄력적 합리성'의 개념이 더욱 적합하다. 행정혁신이 능률성 및 생산성 향상 이상의 목표와 가치를 포함하고 있다고 보면 분명히 합리모형은 현실과의 거리가 있다. 왜냐하면 공공영역에서는 다양한 이해관계자의 입장을 고려하고 의사결정과정도 갈등과 협상과정을 통하여 상호 공감대를 형성할 수 있는 대체로 만족할 만한 결정을 내릴 수밖에 없다.

이렇게 합리성은 기본적으로 다양한 수준의 공유된 규범, 절차, 규칙 등에서 개인이 가장 적절하다고 생각하는 것을 선택한다는 가정을 유지하고 있다. 즉, 주어진 여건과 상황에서 많은 비용을 지불하고 완벽한 선택을 할 것인지, 한정된 여건과 정보 하에서 최선의 선택을 할 것인지를 비교할 수 있는 판단의 여지를 제공하고 있는 것이다.

보이는 정부 모델의 필요성

생산과 소비, 유통에서 똑똑한 개인은 더 이상 사전 정보도 없이 돈만 많이 들어가는 제품이나 서비스를 구매하지는 않는다. 정부의 서비스도 마찬가지다. 지역의 사정과 주민센터를 속속들이 잘 알고 있는 주민들은 더 이상 무능한 정치인과 퇴물 행정가에게 지역주민의 미래를 맡기지 않을 것이다. 정부의 국책사업, 대형 프로젝트도 더 이상 밀실에서 추진되지도 않을 것이고, 공공사업의 실패를 미래의 세금폭탄으로 메꾸는 식의 악순환 역시 되풀이 되지 않을 것이다.

정보를 독점하던 정부와 상위계층의 시대는 점차 사라지고 있고 1%가 아닌 99%를 위한 시대가 열리고 있다. 블랙박스로 차단되었던 고급

정보와 지식들이 판도라 상자가 열리듯이 실체가 밝혀지고 있다. 디지털 대전환 시대의 사회는 또 다른 대의민주주의가 아니라 국민 개개인이 정치·경제·사회변화를 주도하는 새로운 직접민주주의 시대를 의미한다.

이러한 추세에 비추어 볼 때 미래 정부는 기존의 정보통신시스템, 정형화된 서비스 제공 등의 2차원적인 접근보다는 다변화된 수요를 미리 예측하고 정부·민간기업·시민 모두에게 골고루 혜택을 줄 수 있는 똑똑하고 투명한 정부로 변신하여야 한다. 필요한 타이밍에 한 치의 오차도 없는 맞춤형 정보와 데이터가 교환되어 새로운 부가가치를 지속적으로 생산할 수 있는 기반을 제공할 수 있는 보이는 정부(Visible Government)가 탄생해야 할 시점이다(명승환, 2017; 2018; 2020).

〈협력적 동반자와 함께 하는 보이는 정부〉

누구를 위한 무엇을 위한	국가/정부	국민/시민	정부-민간-시민 협력적 동반자
능률성	자원의 낭비 없이 한 치의 오차도 없이 운영되는 국가/정부(정보대칭)	합리적 선택이 가능한 정부정책 및 서비스	경제적 효용이 극대화된 거버넌스 체계 및 공공 플랫폼
분권성	상호견제와 균형적 권력배분이 가능한 협치형 정부	자율적 통제와 주민역량을 바탕으로 한 지역경제	상황변화에 적시에 대응할 수 있는 통제가능한 분권형 하위 플랫폼
신뢰성 (보안성)	투명하고 공정한 정부	국민이 절대적으로 신뢰할 수 있는 정부	사회적 자본과 신뢰를 바탕으로 한 협력적 동반자

출처: 명승환(2018).

보이는 정부 모델은 정부-민간의 협력 강화 요인을 중심으로 하는 협력형 정부, 국민요구수용을 위한 행정서비스 강화 요인을 중심으로 하는 지능형 정부, 소통·참여·신뢰 요인을 중심으로 하는 투명한 정부를 말한다. 과거 정보사회의 정부는 공공부문 정보 공개와 공유를 기반으로 공공서비스를 지향하므로 웹 2.0의 문화적·기술적 특성이 공공분야에 도입되어 구현되는 새로운 형태의 정부와 공공서비스를 의미한다.

보이는 정부에서의 공공관리란 협력형 정부(정부-민간의 협력 강화 요인을 중심으로 하는 정부)이면서 지능형 정부(국민요구수용을 위한 행정서비스 강화 요인 중심으로 하는 정부)이고 동시에 투명한 정부(소통·참여·신뢰 요인를 중심으로 하는 정부)를 말한다. 이 세 가지 특징은 '스마트정부'로 연결되며 공유, 참여, 개방에서 개인화, 지능화라는 단어로 축약된다.

예를 들어, 웹2.0은 수많은 정보를 링크가 많이 된 순으로 나열하는 것이었다면, 웹3.0은 현재 상황을 인식하여 수많은 내용 중 필요한 내용을 재배치하여 문맥을 제공하여 주는 것이다. 따라서 보이는 정부란 "고도로 지능화된 정보통신기술과 사회적 연결망을 기반으로 행정업무 방식과 절차를 재설계하고, 정부와 기업, 시민, 글로벌 공동체 간 지식과 정보를 공유하여 사회구성원 간 상호 거래를 통하여 생산적이고 민주적인 부가가치를 지속적으로 창출할 수 있는 공공 플랫폼 기반을 제공함으로써 협력적 동반자의 역할을 지향하는 거버넌스 또는 국정운영체계"다(명승환, 2012; 2018; 2020).

〈정부 대전환의 흐름〉

구분	산업사회	지식정보사회	후기지식정보사회	융합사회
	시스템정부	전자정부	스마트정부	보이는 정부
	Web 1.0	Web 2.0	Web 3.0	Web 4.0
	정부중심	시민중심	개인중심	관계중심
접근성	• First-Stop-Shop • 단일창구 창구(포털)	• One-Stop-Shop • 정부서비스 중개기관을 통해서도 접속	• My Gov • 개인맞춤형 정부서비스 포털 • 플랫폼 기반의 장(場)	• We Gov • 모두를 포용하는 관계지향형 인공지능 플랫폼 • 플랫폼 위에 플랫폼
서비스 제공 방식	• 일방향 정보제공 • 제한적 정보공개 • 서비스의 시공간 제약 • 공급위주 서비스 • 서비스 전자화	• 양방향 정보제공 • 정보공개 확대 • 모바일 서비스 • 정부·민간 협력서비스 • 신규서비스 가치 창출	• 개인별 맞춤정보 제공 • 투명한 정보공개 • 사회적 연결망을 통한 공공서비스 창출과 부가가치 재생산 • 정부의 협력적 동반자의 역할강화 • 지능화된 서비스 전달체계로 정보관리/예측 능력 고도화	• 예측정보 제공 • 신뢰성 있는 선별적 정보제공 • 감성적 지능서비스 • 관계적 중심의 데이터관리

ICT 생태계	• 정부주도/ 아웃소싱	• 정부주도/ 아웃소싱	• 정부-기업-시민 협력적 거버넌스, 탈규제	• 거버넌스를 기본으로 하는 자율기반 통제
채널	• 유선 인터넷	• 유·무선 인터넷	• 유·무선 모바일 기기통합(채널 통합)	• 온-오프라인 융합채널(옴니채널)
업무 통합	• 단위 업무별 처리	• 프로세스 통합(공공·민간 협업)	• 서비스 통합	• 서비스 융합
기반 기술	• 브라우저 웹 저장	• 브로드밴드 • Rich Link/ Content Models	• 시멘틱 기술 • 센서네트워크	• 블록체인 • 인공지능(AI)
의사 결정	• 정치엘리트, 최고위관료 • Top-down 예산배분	• 정부, 전문가, 전문관료 • 중앙주도 성과평가 및 예산배분	• 개인, 시민, NGO, 지역공동체 • 빅데이터, 사실 기반 문제해결 중심	• 데이터 기반 집단지성
중앙 정부	• 선도자 (Initiator)	• 계약자 (Contractor)	• 중재자 (Mediator)	• 협력자 (Cooperator)
지방 정부	• 교부금 의존한 시스템 구축 및 집행	• 전자정부사업 기반 포털구축	• 지역수요 기반 개인맞춤형 서비스 제공	• 플랫폼 기반 개인/공동체 지원 데이터 서비스 제공
시민 역할	• 정보서비스 사용자	• 부분적 참여 및 정책 토론	• 적극적 참여 및 e-voting	• 합리적 선택과 자율적 규율을 통한 사회적 가치 실현

출처: 명승환(2018).

보이는 정부의 거버넌스

보이는 정부는 중앙정부, 지방정부, 지역주민, 기업이 협력적 동반자로서 국정운영을 하는 거버넌스를 기반으로 한다. 따라서 다음과 같은 기본적인 조건을 갖추고 운영되어야 한다.

첫째, 추진 주체는 중앙정부·지방정부·지역주민·기업을 포괄적으로 포함하여야 한다. 둘째, 추진 목표는 지방정부의 경쟁력 강화, 지역 간 정보격차 해소, 지역 균형 발전, 지역주민 삶의 질 향상이 포함되어야 한다. 셋째, 추진 대상은 지방정부 행정프로세스/업무, 지역경제/서비스 기반, 지역주민 생활환경, 지능정보화 기반/시스템이 된다. 넷째, 추진전략은 통합적 플랫폼 구축과 업무 재설계, 지역특성화 서비스 개발/추진, 안전하고 편리한 서비스 개발, 플랫폼기반 표준화/상호운용성 확보의 방법이 포함된다. 따라서 보이는 정부를 추진할 때 고려사항은 다음과 같다.

중앙정부·지방정부·지역주민·기업이 주체가 되어 상호간 명확한 역할 분담을 토대로 지방정부 경쟁력 강화를 위하여 지역의 상황변화에 민감하게 반응할 수 있고, 구체적이고 종합적인 문제 해결을 할 수 있도록 지방정부의 행정업무프로세스를 플랫폼 기반으로 재설계한다. 지역주민의 삶을 향상하기 위하여 다양한 지역의 특성을 반영한 선별된 맞춤형 지역생활 서비스를 개발함과 동시에 지역 특성을 반영하는 지역공동체 사업과제를 발굴 추진한다. 지역 간 지능정보 격차 해소를 위하여 중앙정부·지방정부·지역주민·민간기업 각 주체간의 상호공감대를 형성하여 안정적이고 보편적인 서비스를 제공한다. 지역 간 균형 발전을 위하여 표준화/상호운용성이 확보된 지역 지능정보화 기반/시스템을 근간으로 지속적인 기술적 개발 환경조성과 지역 특성을 반영하는 새로운 부가가치 서비스를 창출하는 노력(지역의 지능정보화와 관련된 주체간의 상호협력적인 노력)을 통하여 지역의 발전과 주민 삶의 질을 제고한다.

따라서 중앙정부-지방정부-민간-시민간의 협업적 거버넌스를 통한 소통, 신뢰의 구축, 사회적 자본의 구축이 미래 중앙-지방 거버넌스의 근본 틀로 되는 것이 바람직하다. 미래행정은 폐쇄형 사회적 자본에서 탈피하여 교량형 사회적 자본을 구축할 수 있는 '장(場)'을 마련하고, 지역의 정부-민간-시민간의 정보비대칭 현상을 최소화 할 수 있는 '통(通)' 수단과 방법을 제시하며, 공공플랫폼과 빅데이터를 바탕으로 민간과 시민이 다양한 정보와 지식을 함께 공유하고 새로운 부가가치를 창출할 수 있는 '용(用)'의 기회를 제공하는 것이다. 지역주민 개개인의 존엄성을 최고의 가치로 삼는 '인(人)' 중심적 행정을 최고의 가치로 삼아야 한다.

중앙정부는 국가, 국방, 외교와 관련된 국가 프로젝트와 보편적 복지와 교육, 미래전략 수립과 프레임 제시, 정책 및 국정운영 플랫폼의 구축과 관리 등에 주력하여야 한다. 자율적 거버넌스(self-governance) 시대에 작고 효율적이면서도 정확한 미래예측 능력을 바탕으로 중재도 잘하고 지원도 잘하는 스마트한 정부로 거듭나야 한다(명승환·허철준, 2007).

Visible Government
in the Digital Transformation Era

국가미래전략원과 공유경제 플랫폼 설계

따라서 보이는 손이 작동하는 사회에서는 공공 플랫폼을 중심으로 중앙과 지방이 연계되어 국민과 지역주민이 밀착되어 참여하고 생산 활동의 주체와 소비자가 될 수 있는 공유경제의 기반이 마련되어야 한다. 중앙정부는 컨트롤 타워(가칭: 국가미래전략원)를 통하여 4차 산업혁명과 같은 새로운 생산유통을 기반으로 공유경제 플랫폼을 설계하여야 한다.

그러나 그 방식은 자유방임적 시장경제 정책으로는 불가능하고 공공이 우선 수요창출을 하는 '디지털 뉴딜정책'이 필요하다. 민간이 시장에서 새로운 재화/서비스를 생산할 수 있는 디지털 원자재를 시장논리에 따라 기업에 공급하는 방식이다. 사실상 한국은 과거 정보화추진위원회, 정보통신부, 전자통신연구소, 한국전산원, 정보통신정책연구원을 통하여 'IT강국코리아'를 만들었던 경험이 있다. 이러한 전략은 제로베이스에서 새 틀과 판을 짜야하는 현 시점에서 가장 실현가능한 대안이다.

다만 과거와는 다른 양상은 개인의 역량이 훨씬 커졌고, 다양한 플랫폼 기반을 통하여 제조와 유통이 가능해졌다는 점이다. 'Self-maker'시대에서는 1인 기업이 중견기업 이상의 역할을 할 수 있기 때문에 중앙정부는 다양한 공공플랫폼을 통하여 다양한 소프트웨어와 융합서비스가 만들어지고 시장논리에 따라 확산될 수 있도록 촉매자, 지원자, 중재자의 역할을 담당해야 한다.

장인협통인(場人協通人)이 역할을 다 하는 정부

보이는 정부의 첫 번째 모습은 국내 '장(場)'을 연동한 고용 복지 정책의 변화다. 장기적인 실업과 고령화에 따른 인구구조 변화는 고용과 복지에 대한 변화와 요구를 늘리고, 이에 대응하기 위해 정부는 지속적인 구인구직 시장 형성과 노동구조 개선을 위한 정부기능을 강화하여야 한다. 정부는 고용시장을 위하여 신뢰 기반의 '장(場)'을 제공하고 정부의 고용정보와 민간의 구인정보를 교류할 수 있는 기반을 제공해야 한다. 정부는 이러한 '장(場)'에서 수집되는 정량적인 데이터를 통하여 고용과 복지 정책에 반영하는 플랫폼 기반의 선순환 구조를 만들어야 한다.

두 번째 정부 역할의 미래 모습은 해외 '장(場)'을 연동한 산업정책의 변화 모습이다. 신흥국의 성장과 국가무역 협정으로 세계 경제구도에 변화가 일어났다. 이러한 변화에 따라 국내 기업들의 해외진출을 지원하는 기능을 강화하여 수출산업으로 하여금 경기를 부양하도록 노력을 강화해야 한다. 정부가 보유한 해외정보를 제공하고 정부의 신뢰를 바탕으로 중소기업들이 해외시장에 공동으로 진출하기 위한 '장(場)'을 형성하고 기업들을 지원할 수 있는 정부의 기능을 강화하여야 한다. 이러한 '장(場)'에서 수집된 정보를 통하여 내수시장과 수출시장에 적절한 산업정책을 활용하여 국가와 기업이 윈윈(win-win)할 수 있는 장려정책을 적극 추진해야 할 것이다.

    세 번째 정부 역할의 미래 모습은 국민 개개'인(人)'을 지향하는 대국민 행정서비스 강화를 통한 변화 모습이다. 인구 노령화와 여성, 노인의 새로운 주도세력 부상 등 인구구조 변화에 대한 대국민 지원을 위한 행정서비스의 형태도 변화되어야 한다. 행정서비스는 공급자(정부) 중심이 아닌 국민 개개인의 라이프 스타일에 맞게 맞춤형으로 제공되는 형태로 변화될 것이다.

    네 번째 정부 역할의 미래 모습은 정부-기업-국민 '협(協)'을 위한 행정집행의 변화 모습이다. 최근 들어 사회연대를 통해 갈등을 해소하려는 정치·사회문화의 변화가 일어나고 있다. 정부는 제공하고 국민은 소비하는 단방향의 사회흐름이 아닌 양방향의 소통으로 모든 사회적 이슈와 갈등이 해결되고 흘러가는 양상으로 바뀌어 가기 위해서 사회주체인 정부와 기업 그리고 국민들이 소통하고 협력하기 위한 '장(場)'을 형성하고 '통(通)'하는 정부 협력기능이 제공되어야 한다.

다섯 번째 정부 역할의 미래 모습은 공공·민간 정보의 '용(用)'을 통하여 새로운 행정서비스 개발을 통한 변화 모습이다. 더 이상 정부는 공공정보를 제공하고 국민이 정보를 수용하는 단방향의 서비스 체계가 아니다. 정부가 제공하는 공공정보를 민간이 활용하고, 민간이 제공하는 민간정보를 정부가 활용하여 제공되는 행정서비스를 위해 참여하고 소통하고 협력할 수 있는 다양한 정부서비스가 개발될 것이다. 나아가 행정정책 개발과 행정서비스의 기획과정도 정부의 고유기능이 아닌 국민과 기업이 함께 협력하여 이러한 기획에 참여할 수 있는 정책개발의 새로운 패러다임과 프로세스로 변화될 것이다.

여섯 번째 정부 역할의 미래 모습은 정부-국민의 '통(通)'을 위한 국민소통과 정책참여 기능의 변화 모습이다. 모바일 변화와 참여문화 확산에 따라 사회 분위기가 신뢰와 다양성을 수용하는 방향으로 변화하고 있다. SNS 발달에 따라 정부와의 정보소통 채널이 다양화되고, 정책참여 방법도 매우 다양화되고 있다. 정부-국민의 소통 기능이 강화되어 국민소통과 정책참여 기능이 다양화되는 변화가 지속적으로 이루어질 것이다.

일곱 번째 정부 역할의 미래 모습은 국민의 '인(人)'을 활용한 정부 거버넌스 기능 강화를 통한 변화 모습이다. 지구온난화 문제, 자원고갈에 따른 환경변화, 줄어들지 않는 범죄와 국가보안 문제는 다양한 정보기술을 활용하여 감시와 규제를 하고 있지만 완벽한 해결책은 나오지 않고 있다. 이러한 환경·안보를 위한 거버넌스 체계에서도 정부의 기능이 강화될 것이다. 기술을 통한 해결보다는 국민들이 직접 눈이 되고 귀가 되어 모니터링을 할 수 있는 '장(場)'을 제공하여 정부뿐만 아니라 국민도 이러한 서비스의 주체가 되어 개인 행정집행의 기능을 제공하는 방향으로 변화될 것이다.

Visible Government
in the Digital Transformation Era

메타정부와 메타버스(Metaverse)

대한민국의 미래 사회는 '예측 가능하고 신뢰할 수 있는 사회', 대한민국의 미래 정부는 '스마트하면서도 믿을 수 있는 정부' 이다. 이미 민간 분야에선 메타버스가 일시적인 트렌드가 아니라 인터넷과 모바일을 대체할 '인류의 플랫폼 혁명'으로 인식하고 있다. 향후 대규모 공공조달사업과 혁신을 통하여 민간이 새로운 융합산업과 일자리를 창출할 수 있도록 인프라를 구축하고 불필요한 규제를 완전히 없애야 한다. 이에 정부는 5G 시범사업을 2025년까지 조기 구축하고 디지털 시민공동체 플랫폼, 마이데이터, NFT, 디지털화폐, 스마트 의료복지, 스마트 교육 등 XR국민 체감형 메타버스 사업을 대대적으로 전개해야 한다. 정부주도 보다는 3세대 플랫폼인 메타버스 플랫폼을 정부-민간-시민이 함께 협력하여 동반 구축하는 PPP(Public-Private-Partnership)로 추진해야 한다.

정부-민간-시민 협치를 기획하고 디지털 혁신 '메타(플랫폼)정부'의 실질적 구현을 위한 기획 및 조정 강화를 위해 대통령 직속 '메타코리아 4.0 추진위원회 분과로 메타정부혁신위원회(혹은 추진단)' 설치도 고민할 수 있다. 정부와 공공부문에서 우선 공공부문 인력채용 방식 및 업무방식을 전면 개혁하여 미래형 스마트 융합 인재 확보와 민간과의 교류 확대, 블록체인과 AI 기반 업무방식과 채용 전면개혁(인력채용 로드맵)으로 인력채용과 업무의 공정/투명/부패제로 달성, 블록체인 AI면접 및 신입 인력 디지털 교육훈련 강화, 연공서열 폐지와 성과 및 사회기여도 중심 승진 및 연봉제 인센티브제 도입 등이 방안이다.

정부의 디지털 전환 전문 인력 양성/개방형 민·관 협력 플랫폼과 법제도 기반 강화로 디지털 휴먼 관련 법제도 마련, 역기능 해소방안 논의, 민간생태계 활성화를 위한 네거티브 규제체계 등이 필요하다.

- ◆ 국민 모두 쉽고, 빠르고, 편리하게 취업활동을 하고, MZ세대·경력단절여성·장애인·중장년층의 퇴직자 등 다양한 계층의 취업기회가 확대될 수 있도록 메타버스 채용시스템 구축 및 메타버스 내 신규산업에 대한 지원

- ◆ 국내외 거주자, 이민자, 외국인 등이 외국어 및 특성화·전문화 기술교육을 자유롭게 학습하며 세계시민으로서의 역량을 개발할 수 있도록 국내외 전문 교육기관 및 평생교육기관과 연계한 메타버스 글로벌 교육시스템 구축

- ◆ 시공간의 제약 없이 진료의 편의성을 제공하고, 스마트 처방전 발급 등을 통해 스마트 의료서비스가 실현될 수 있는 메타버스 의료시스템 구축

- ◆ 초고령화 사회에 소외되는 노인이 없고, 노인층에 삶의 질이 향상될 수 있도록 쉽고 조작이 간편한 메타버스 노인 돌봄 시스템 구축

- ◆ 문화예술인들이 활발하게 창작활동을 할 수 있는 창의적인 공간을 확대하여, 국민 모두가 스마트한 문화예술 관람 및 체험을 할 수 있는 메타버스 창작공간 구축

- ◆ 메타버스를 통해 여행 및 출장 일정 등을 시뮬레이션 하여 국민 모두가 스마트하고 안전한 관광을 할 수 있는 메타버스 관광서비스 분야의 개발

- ◆ 지역주민 누구나 메타버스 주민자치회에 참여하고, 지역의 문제를 직접 시뮬레이션 해봄으로써 투명하고 신속·정확한 정책결정을 할 수 있는 메타버스 반상회 구축

디지털 대전환 시대의
보이는 정부

Visible Government
in the Digital Transformation Era

Visible Government
in the Digital Transformation Era

03

생각의 속도를
넘어선
공감의 속도를
이루는 정부

Visible Government
in the Digital Transformation Era

03
생각의 속도를 넘어선
공감의 속도를 이루는 정부

애자일(agile, 민첩하다) 경영은 빠른 결정과 공감대 형성, 아이디어의 빠른 기획과 실험, 실패를 통한 교정, 플랫폼 중심의 생산-소비 공유네트워크, 디지털 융합기술 활용 등으로 요약된다. 수시로 만나 결정하고 실행에 옮기는 것을 중시하고, 새로운 조직을 만드는 것보다 조직과 구성원의 가슴을 뛰게 하고 움직이게 하는 단순명료한 전략과 실질적인 보상을 선호한다는 흐름을 잘 읽어야 한다.

미래정부는 개인 소셜 네트워크를 통하여 정부-민간-시민의 파트너쉽이 요구되는 거버넌스의 영역을 담당해야 한다. 과거 민영화가 수혜자 부담이 원칙이 적용되는 일부 분야에 국한해서 이루어졌다면, 앞으로는 국가의 핵심 분야를 제외하고는 거의 모든 분야에서 민영화가 이루어질 것이다. 도시국가인 싱가포르와 같이 공공과 민간의 명확한 구분이 굳이 필요하지 않은 다양한 정부-민간 법령위원회(statutory board)의 거버넌스 핵심 조직이 필요하다.

미래정부는 각 부문 구성원의 자율과 통제가 조화된 사회시스템과 생태계가 선 순환적으로 진화하도록 협력하고 지원하는 협력자 및 조력자로서의 역할을 담당해야 할 것으로 예측된다. 미래의 행정 관료는 미래예측 능력, 창의력, 의사소통능력을 바탕으로 변화를 선도하고, 낭비요소를 없애며, 조직과 사회의 지속성을 책임지는 매우 중요한 자리가 될 것이다. 그 자리는 공공과 민간을 구분하지 않고 가장 적합한 인재로 채워져야 하며, 이를 뒷받침하기 위해서는 정부의 인사충원제도의 혁신적인 변화가 필요하다. 앞으로 빌게이츠의 '생각의 속도'를 넘어서 '공감의 속도'에 능한 스마트 정부가 필요한 시점이다.

미래사회는 실용주의, 시민 중심적 국가, 디지털 방식의 보편화, AI-데이터 기반 정부, 개방적인 공동체 중심의 사회라는 공통적인 지향점을 갖고 있다. 미래 국가는 이러한 모든 과정과 요인들을 포용하면서 인간-기술-사회시스템이 개방적이고 다층적인 플랫폼과 최상위 메타플랫폼 형태를 갖춘 국가가 되어야 한다. AI-빅데이터-클라우드를 연계한 메타버스 기반 공공플랫폼 중심으로 정부-민간-시민 간 정보대칭 수단과 방법을 제시해야 하며, 부울경 메가시티 등 권역별 메가시티 계획에 포함되어야 한다.

미국의 관리예산처(OMB)와 같이 정권이 바뀌어도 정책기획과 예산관리를 뒷받침할 전문 조직이 필요하고 기획예산처 부활도 검토할 수 있다. 이때 국가의 예산이 어떻게 쓰이는지 국민 모두가 알게 되어, 과도한 재정지출과 국회의 쪽지예산, 부처 간 중복예산 지출 등의 관행들이 사라져야 한다.

디지털 대전환 시대의
보이는 정부

Visible Government
in the Digital Transformation Era

Visible Government
in the Digital Transformation Era

디지털 대전환 시대의
보이는 정부

참고 문헌
찾아 보기
저자 소개

참고 문헌

강세억. (2002). 지식정보사회 진전에 따른 새로운 지식정보정책 방향 연구. 성균관대 정보통신학술 연구과제.

강은숙·김종석. (2014). 공공정책의 합리성 제고를 위한 행동경제학의 적용: 부정부패연구를 중심으로. 한국정책학회 하계학술발표논문집 : 364-392.

강은숙. (2018). 원자력 에너지정책의 문제점과 개선방안: 신고리 5.6호기 공론화 방식에 대한 행동경제학적 접근, 해항도시문화교섭학 18 : 409-446.

강창우·이정연·임수혁. (2016). 인간의 의사결정과정을 뒤흔든 지능정보기술 - 4가지 新유형 분석. ICT Viewer.

과학기술정보통신부. (2020). 인공지능산업 실태조사.

곽동석. (2014). 행동경제학적 접근을 통한 녹색소비 정책의 효과성 증대 방안. 「Special issue」, 112호, 서울: 국가환경정보센터.

관계부처합동. (2018). 지능정보화사회 구현을 위한 제6차 기본계획(2018~2022).

관계부처합동. (2020). 데이터 3법 시행령 입법예고 주요사항.

권남호. (2018). 넛지를 활용한 공공정책: 현황과 시사점. 한국조세재정연구원 연구 보고서.

권혁준. (2019). 블록체인을 활용한 국고보조금 투명성 제고 연구. 한국행정학회 학술발표논문집 : 1011-1025.

국토교통부. (2021). 스마트시티코리아.

국토교통부. (2021). 교통량 실시간 분석하고 긴급차에 우선신호 보내는 스마트 신호운영 시스템 전국으로 확대 구축합니다. 서울:국토교통부.

김건우. (2018). 인공지능에 의한 일자리 위험 진단 사무·판매·기계조작 직군 대체 가능성 높아. LG경제연구원.

김구. (2005). 지식정부 구축을 위한 지식행정의 이해와 활용. 서울: 조명문화사.

김도년. (2016). 스마트시티, 대한민국의 미래 위한 도시모델. 서울: 대한민국 정책브리핑 칼럼&기고.

김봉식. (1995). 변화·저항·발전 전략. 서울: 다산미디어.

김성태. (1999). 정보정책론과 전자정부론. 서울: 법문사.

김시라·김은미. (2017). 우리나라 FTA 정책활용 제고방안에 관한 연구, 관세학회지 18(4) : 119-140.

김영실 외. (1998). 지식경영의 실천. 서울: 삼성경제연구소.

김용철·윤성이. (2009). 디지털 컨버전스 환경에서 정치 거버넌스의 변화. 서울: 정보통신정책연구원.

김유신. (2013). 공학윤리: 개념과 사례들. 북스힐.

김유심. (2016). "데이터 기반 정책수립 방향에 대한 연구." 지능화연구시리즈, 서울: 한국정보화진흥원.

김윤정·유병은. (2016). 인공지능 기술 발전이 가져올 미래 사회 변화. KISTEP R&D InI 12 : 52-65.

김진영·신용덕. (2011). 행동경제학 모형과 그 정책적 응용에 관한 시론적 연구. 한국정책학회보 20(1): 1-27.

김희연. (2009). 국내외 공공 민간 온라인 소통 활성화 현황 및 시사점. 방송통신정책 21(10) : 29-47.

김진·장환영·신윤호·김기승. (2021). 스마트시티(Smart City)의 사로운 변화, 디지털 트윈(Digital Twin). 도시정보 468 : 5-15.

김진영·문효정·김나영·송지은. (2017) 공공서비스분야(재난, 환경 등) 지능정보기술 도입방안 연구. 과학기술정보통신부 방송통신정책연구보고서.

남궁근. (1995). 재해관리행정체계의 국가 간 비교연구: 미국과 한국의 사례를 중심으로. 한국행정학보 29(3) : 957-979.

류지성. (2007). 정책학, 서울: 대영문화사.

류현숙·김은성·이성윤. (2017). 인공지능 위험정책 필요성에 대한 실증적 고찰: AHP 조사결과를 중심으로. 입법과 정책 9(1) : 55-81.

마정미. (2016). 소비자는 합리적인 존재인가 행동경제학의 광고학 적용을 위한 개념적 연구. 광고연구 111 : 101-131.

명승환. (2006). 전자정부 연구에서 결정론적 사고의 한계와 극복방안: 행정의 투명성을 중심으로. 정보화정책저널, 13(1), 100-115.

명승환. (2012). 스마트사회 전환에 따른 Gov3.0기반의 전자정부서비스 패러다임 변화 연구. NIA(한국정보화진흥원) 연구보고서.

_____. (2018). 스마트 전자정부론: 정보체계와 전자정부의 이론과 실제(개정3판). 서울: 율곡출판사.

_____. (2020). 스마트 전자정부론: 정보체계와 전자정부의 이론과 실제(개정4판). 서울: 율곡출판사.

참고 문헌

_____. (2021). 사회적 정의란 나에게 무엇인가?. 「기호일보」, 11.
명승환·신용재·채지인. (2017). 지속가능한 재난 안전 스마트시티 사례분석. 한국정책과학학회보 21(4): 197-218.
명승환·정유석·최동철. (2019). 블록체인과 행정개혁 주요이슈 및 쟁점. 정책과학학회 춘계학술대회 발표논문집 : 1-28.
명승환 외. (2011). 플랫폼형 정부 구현을 위한 전략방안 연구. 한국정보화진흥원.
_____. (2011). 플랫폼형 정부 구현을 위한 전략방안 연구. NIA 연구보고서.
명승환, 허철준. (2007). u-지역정보화 개념 정립과 서비스 유형 도출. 한국지역정보화학회지, 10(1), 117-140.
명승환, 허철준, 권용민. (2010). 주민밀착형 지역사회 전자정부 서비스 구현 방안에 관한 연구. 지방정부연구, 14(2), 145-172.
매일경제지식부. (2001). 지식사회의 미래. 서울: 매일경제신문사.
문신용. (1999). 공공정보 자원관리의 활성화 방안. 서울: 한국행정연구원.
박성준. (2017). 블록체인패러다임과 핀테크 보안. 한국통신학회지(정보와통신) 34(3) : 23-28.
박연아·김종현·김인규. (2018). 이더리움 블록체인기술을 적용한 전자투표시스템 사례연구. 정보화연구 15(2) : 201-218.
방석현. (1995). 행정정보체제론. 서울: 법문사.
백기복. (1996). 조직행동연구. 서울: 법문사.
백영태·민연아·이정훈·장태무. (2018). 디지털 콘텐츠의 블록체인기술 적용 활성화를 위한 스마트디바이스의 개인 정보보안에 대한 연구. 한국컴퓨터정보학회 학술발표논문집 26(1) : 151-152.
서남원. (1988). 정보사회에 있어서 행정 변화. 행정과 전산 10(4).
서영덕·김지원·정수현·엄현상. (2016). 블록체인을 활용한 수출 대금 결제 보안 서비스 구현. 한국정보과학회 학술발표논문집 : 808-810.
서울경제. (2020). 광복절집회 참가자 "불법 위치정보 수집했다" 정부에 손해배상 청구.
서이종. (1999). 지식·정보사회학. 서울: 서울대학교 출판부.
서형준. (2019). 4차 산업혁명시대 인공지능 정책의사결정에 대한 탐색적 논의. 정보화정책, 26(3): 3-35.
_____. (2020). 행동경제학적 관점에서 보는 지능정보기술 도입시의 쟁점에 대한 탐색적

논의. 한국지역정보화학회지, 23(4): 49-88.

서형준·명승환. (2014). 프레임 분석을 통한 NEIS 갈등과정 분석과 정책적 함의. 정보화정책 21(3) : 56-84.

_____. (2021). CITIE Framework에 기반한 스마트시티 평가지표의 보완을 위한 탐색적 연구:도시 위험요인 해소를 중심으로. 한국지역정보화학회지 24(3) : 73-112.

성욱준·황성수. (2017). 지능정보시대의 전망과 정책대응 방향 모색, 정보화정책 24(2) : 3-19.

신상영·김상균. (2020). 신종 대형 도시재난 전망과 정책방향. 정책리포트 301.

신영욱. (1996). 학습조직의 이론과 실제. 서울: 삼성경제연구소 : 332-346.

신우재·김도년·조영태·박신원. (2015). U-City의 국제 경쟁력 구축을 위한 Smart City와의 차이점 비교 분석 연구 : Smart Cities Index의 평가지수와 국내 지자체 수립 유비쿼터스도시계획의 비교분석을 통해. 한국도시설계학회지 16(5).

세계일보. (2018). 日 정치판 등장한 AI: 사람 뛰어넘는 지혜 필요.

스튜어트 크레이너. (2007). 경영의 역사를 읽는다. 심재관 역. 서울: 한스미디어.

오광석 외. (1997). 공공행정의 리엔지니어링과 그 추진방향. 정보화 동향 4(17) : 5-6.

오서영·이창훈. (2017). 부동산 시장의 신뢰성 향상을 위한 블록체인 응용 기술. 한국전자거래학회지 22(1) : 51-64.

오윤경. (2013). Natech재난관리방안 연구. 한국행정연구원 연구보고서 2013-23.

유영만. (2001). 지식경영과 지식관리시스템. 서울: 한언.

유인술. (2015). 한국의 재난관리대책. Hanyang Medical Reviews 35(3) : 157-173.

윤건. (2012). 증거기반 공공기관 개혁정책 수행을 위한 과제. 서울: 한국행정학회 학술발표논문집.

윤상오·이은미·성욱준. (2018). 인공지능을 활용한 정책결정의 유형과 쟁점에 관한 시론. 한국지역정보화학회지 21(1) : 31-59.

이동철·손세형·김도년. (2013). '녹색도시'의 개념 정립과 실현 방향 설정을 위한 연구. 도시설계 14(4).

이석민·윤형민. (2020). 서울시 스마트 안전도시 구축방안. 서울:서울연구원.

이승준. (2017). 자율주행자동차의 도로 관련법상 운전자 개념 수정과 책임에 관한 시론. 형사법의 신동향 56 : 69-105.

이시영·이효찬. (2010). 행동경제학적 접근을 통한 국제경제현상의 분석. 무역학회지

35(2) : 1-20.

이순자. (2017). 스마트시티 활성화를 위한 관련 법률 개정 및 조례 제정의 필요성 검토, vol.79, pp. 583-609.

이연호·기여운. (2018). 블록체인 기술은 굿 거버넌스(Good Governance)를 만들 수 있는가?: 에스토니아 사례의 함의. 세계지역연구논총, 36(2) : 191-222.

이윤식. (1990). 정보관리와 정책과정. 한국행정학보 24(2) : 693-718.

_____. (2009). 신행정 정보체제론. 서울: 대영문화사.

이영주·신은희·박지영. (2017). 미래신호 탐지 기법으로 본 인공지능 윤리 이슈. IT & Future Strategy 1.

이영주. (2021). 공동구 화재의 위험특성을 고려한 재난 관리체계 연구. 2020 재난정보학회 정기학술대회 논문집.

이우식·박선미·이인수. (2018). 복지사각지대 대상자 발굴률 향상을 위한 인공지능 시스템 활용 연구, 한국사회보장연구원 연구보고서.

이장완·김영걸 (2001). 조직의 지식경영 관리체계 및 단계모델에 대한 탐색적 연구. KAIST 테크노경영대학원.

이정아. (2015). 데이터 증거기반(Evidence-Based)의 과학적 정책 수립 방안. IT & Future Strategy 6. 서울: 한국정보화진흥원.

이준호. (2004). 국가지식정보자원관리 현황과 과제. 안양대학교 사회과학연구소.

이창원·명승환·임영제. (2004). 정보사회와 현대조직. 서울: 대영문화사.

이태원·홍순식. (2008). 웹 2.0시대 의사결정방식의 변화와 정책적 대응방안. 서울: 정보통신정책연구원.

인천광역시. (2021). .디지털 트윈 확장 및 데이터 댐 구축 계획(안).

임석순. (2016). 형법상 인공지능의 책임귀속. 형사정책연구 27(4) : 69-91.

장준용. (2020). 데이터기반행정 활성화에 관한 법률 주요 내용 소개. 서울: 크레딧인 사이트 가을호.

장혜정. (2020). ICT를 활용한 나고야시의 안심·안전한 공원 만들기 고찰. 서울:한국정보전자통신기술학회추계학술지.

_____. (2021). 5G 디지털 트윈 기반 시설물 안전관리 통합플랫폼 계획 수립 절차에 관한 연구. 한국정보전자통신기술학회논문지, 14(4)

장혜정·김도년. (2016). 스마트시티의 주민참여형 안전도시 계획을 위한 빅데이터 활용에 관한 고찰. 한국정보전자통신기술학회논문지 9(5).

정우석·명승일·이미숙·오승희·정득영. (2020). 디지털 트윈 기술을 활용한 지하공동구 재난관리 방법에 관한 연구. 2020년 한국재난정보학회 정기학술대회 논문집.

정태성·박효찬·이상범·최재홍·서동환·윤희원·이기라·김동영·김매튜. (2018). 4차 산업혁명 기반 재난안전 연구개발. 서울: 행정안전부.

조주은. (1999). 국가지식관리를 위한 선진사례분석. 서울: 한국전산원.

주은혜. (2018). 신공공관리론에서 공공가치론으로. 한국행정포럼 : 12-17.

중앙안전관리위원회. (2019). 제4차 국가안전관리기본계획.

진상기. (2017). 한국 지역정보화 추진체계 개선에 관한 연구: 지능정보사회의 지역균형 발전을 중심으로. 정보화정책24(3) : 67-90.

최계영. (2016). 알파고의 충격 : 인공지능의 가능성과 한계. KISDI Premium Report 2.

최종원. (1995). 합리성과 정책연구. 한국정책학회보 4(2) : 131-160.

채종헌·김동헌. (2012). 효과적 공공갈등관리를 위한 행동경제학적 선택설계에 관한 연구. 한국행정연구원 연구보고서.

한국정보화진흥원. (2018). 4차 산업혁명과 지역 혁신을 위한 정책과제 100선.

한국전자통신연구원. (2015). 인공지능 기술과 산업의 가능성.

한국전자통신연구원. (2019). ICT는 재난·재해를 어떻게 막을 수 있을까?. ETRI.

한국정보화진흥원. (2010). IT 대항해. 서울: 한국정보화진흥원.

한국정보화진흥원. (2016). ICT 기반 국가미래전략 2015: BIG STEP.

한국행정학회. (1996). 정보사회의 성숙을 위한 정책과제와 전략, 서울: 한국행정학회.

홍의석. (2020). 미국 커넥티드 카(Connected Vehicle) 기술을 활용한 겨울철 교통안전 재고. 서울:KOTI Vision Zero Brief 7(4).

황종성. (2016). 지능사회의 패러다임 변화 전망과 정책적 함의. 정보화정책 23(2) : 3~18.

_____. (2017). 인공지능시대의 정부: 인공지능이 어떻게 정부를 변화시킬 것인가. IT & Future Strategy 3.

현승현·이병기·김건위·추병주. (2009). 지방정부의 재난대응체계에 관한 비교 연구. 한국행정학보 43(3) : 273-306.

행정안전부. (2021). 제1차 데이터기반행정 활성화 기본계획.

참고 문헌

Atzori, M. Blockchain technology and decentralized governance: Is the state still necessary? J. Governan.

Becker, S. and T. Whisler. (1967). "The Innovative Organization: A Selective View of Current Theory and Research." *Journal of Business*, 40(4) : 462-469.

Bennis, W. G. et al. (1969). *The Planning of Change*. New York: Rinehart & Winston.

Biswas, K.; Muthukkumarasamy, V. (2016) Securing smart cities using blockchain technology. *In 2016 IEEE 18th International Conference on High Performance Computing and Communications; IEEE 14th International Conference on Smart City; IEEE 2nd International Conference on Data Science and Systems* (HPCC/SmartCity/DSS), Munich, Germany, 14-17 September 2016; IEEE: Piscataway, NY, USA, 1392-1393.

Bjerg, O. (2016) How is Bitcoin Money? *Theory Cult. Soc.* 33 : 53-72[CrossRef] 11.

Brooking, A., (1996) *Introduction to Intellectual Capital*, The Knowledge Broker Ltd. Cambridge, England.

Caliskan, K. (2018) *Data Money: The Socio-Technical Infrastructure of Cryptocurrency Blockchains*. Available online: https://ssrn.com/abstract=3372015 (accessed on 15 November).

Camerer, C., & Loewenstein, G. (2003) *Behavioral Economics: Past, Present, Future. In: Advances in behavioral economics. Roundtable series in behavioral economics*. Princeton University Press, Princeton.

Choi, G.C. Local currency (2018) 'NW' using blockchain: Virtual currency that realizes social value such as volunteer and donation. *Localization* 111, 78-81.

Choi, J.G.; Choi, J.S.; Yoon, S.E. (2015) Concept and direction of community in Gyeonggi-do. *Policy Res.* 1-145.

Crosby, M.; Pattanayak, P.; Verma, S.; Kalyanaraman, V. (2016) Blockchain technology: Beyond bitcoin. *Appl.* Innov. 2 : 6-10.

Cruz, A. M., Steinberge, L. J. & Vetere-Arellano, A. L (2006) Emerging Issues for

Natech Disaster Risk Management in Europe. *Journal of Risk Research* 9(5) : 483-501.

Davenport, T. H., (1997) *Information Ecology*. NewYork: Oxford University Press.

Davenport, T. and Prusak, L., (1998) Working knowledgy: how organizations manage what they know. Cambridge, MA: Harvard Business School Press.

Davenport, T. H., & Kirby, J. (2015) Beyond automation. *Harvard Business Review*, 93(6), 59-65.

Dematest, Marc, (1997) "Understanding Knowledge Management," *Long Lange Planning*, 30(3) : 374-384.

Daki, H., El Hannani, A., Aqqal, A. et al. (2017) Big Data management in smart grid: concepts, requirements and implementation. *Jounal of Big Data* 4 : 13.

Davenport, Thomas H. and James E. Short. (1990) "The New Industrial Engineering Information Technology and Business Process Redesign." *Sloan Management Review*, 31(4): 11-27.

Davidson, S.; De Filippi, P.; Potts, J. (2016) *Economics of Blockchain*. Available online: https://ssrn.com/abstract= 2744751 (accessed on 8 March 2016).

Druker, Peter, (1993) *Post-Capitalism Society*, NewYork: Harper Business.

Eggers, D. W., Schatsky, D., & Viechnicki, P. (2017) *AI-augmented government Using cognitive technologies to redesign public sector work*, Deloitte university press.

Frenzel, Caroll W., (1999) *Management of Information Technology*, MA: Course Technology.

Goertzel, B. (2016) Creating an AI Sociopolitical Decision Support System, ROBAMA: ROBotic Analysis of Multiple Agents)(an informal, rough "vision document")

Gabison, G. (2016) Policy considerations for blockchain technology public and private applications. SMU Sci.Technol. *Law Rev.* 19 : 327.

참고 문헌

GAO (General Accounting Office). (1994) "Reengineering Organizations: Results of a GAO Symposium." *Report to Congressional Requesters*. GAO/NSIAD: 95-34. Washing D.C.: United States General accounting Office : 6-14.

Garzik, J. (2015) *Making Decentralized Economic Policy*. Available online: (accessed on 19 July 2019).

Godschalk, D. R. & Brower, D. (1985) Mitigation Strategies and Integrated Emergency Management. *Public Administration Review*. 45 : 64-71.

Gunkel, David J. (2012) "Communication and Artificial Intelligence: Opportunities and Challenges for the 21st Century".

Hayes, A. (2019) The Socio-Technological Lives of Bitcoin. *Theory Cult*. Soc. 36, 49-72.

Hammer, M. (1990) "Reengineering Work: Don't automate, obliterate." *Harvard Business Review*, 68(4) : 104-112.

Hammer, M. and J. Champy. (1993) *Reengineering the Corporation: A Manifesto for Business Revolution*. New York: Harper Business.

Harrington, H. J. (1991) "Business Process Improvement: The Breakthrough Strategy for Total Quality." *Productivity, and Competitiveness*. New York: McGraw-Hill, Inc.

Harris, C. E. et al. (2008) *Engineering Ethics: Concepts and Cases* (4. ed.), Cengage.

H. Chourabi, T. Nam, S. Walker, JR Gil-Garcia, S. Mellouli, K. Nahon, H.J. Scholl. (2012) Understanding smart cities: An integrative framework. In System Science (HICSS), 45th Hawaii International Conference on IEEE. : 2289-2297.

Hellriegel, Don and John W. Slocum Jr. (1997) *Management*. Ohio: South-Western College Publishing.

Hussian, Donna S. and K. M. Hussian, (1992) Information Management: Organization, Management and Control of Computer Processing, NewYork: Prentice-Hall.

IBM. (2017) "Artificial Intelligence: Potential Benefits and Ethical

Considerations." *Legal affairs*, European parliament.

Intel. (2017) *Artificial Intelligence The Public Policy Opportunity*.

International Standards Organization (ISO). (2014) *Smart cities Preliminary Report*.

Jarrahi, M. H. (2018). "Artificial intelligence and the future of work: Human-AI symbiosis in organizational decision making." Business Horizons, 61, 577-586.

Jin, J. H.; Go, G.J. (2018) *Blockchain technology trends and health welfare information statistics*. Health Welf. Forum 2018, 258 : 96-106.

Kahneman, D., and Tversky, A. (1974) "Judgment under Uncertainty: Heurisitics and Biases," *Science, New Series*, Vol. 185, No. 4157 : 1124-1131

Kahneman, D. and Tversky, A. (1979) "Prospect theory: an analysis of decision under risk," *Econometrica*, Vol. 47, No. 2 : 263-291.

Kastelein, R. (2016) *Transactive grid: Blockchain technology power microgrid in Brooklyn*. Blockchain News : 1-5.

Kelly, K. (2017) "The AI Cargo Cult: The Myth of a Superhuman AI." Backchannel.

Leavitt, H. (1964) "Applied Organization Change in Industry: Structural, Technological and Human Approaches." *New Perspectives in Organization Research*. New York: Wiely & Sons.

Mehr, H. (2017) *Artificial Intelligence for Citizen Services and Government*. Harvard Ash Center.

M. H. Cho, (2018) "A Comparative Study on the Accuracy of Important Statistical Prediction Technique of Marketing Data," *J. of the Korea Institute of Electronic Communication Sciences*, vol. 14, issue. 4, Aug. : 775-780.

Mirko Simić, Miljan Vučetić, Gardelito Hew A Kee, Milcš Stanković. (2019) *Big Data and Development of Smart City*. Sinteza 2019 - International Scientific Conference on Information Technology and Data Related Research.

Mushkatel, A. H. & Weschler, L. F. (1985) Emergency Management and the

참고 문헌

Intergovernmental System. *Public Administration Review*, 45 : 49-56.

National Science and Technology Council. (2016) *Preparing for the future of artificial intelligence*. Executive office of the president.

Nonaka, Ikujiro, P. Reinmoeller, and D. Senoo, (1998), "The 'ART' of knowledge," *European Management Journal*, 16(6): 673-684.

Nye, J. (2004) Soft Power, 홍수원 옮김 (2004). 소프트파워. 세종연구원.

Perry, R. (1985) *Comprehensive Emergency Management: Evacuating Threatened Populations*. Greenwich, C. T., JAI Press Inc.

Petak, W. J. (1985) Emergency Management: A Challenge for Public Administration. *Public Administration Review*, 45 : 3-7.

Picou, J. S., Marshall, B. K. & Gill, D. A. (2004) Disaster, Litigation and the Corrosive Community. *Social Forces*, 82(4) : 1493-1522.

Quigley, E. J. and Debons, A. (1999) "Interrogative Theory of Information and Knowledgy," In Proceedings of *SIGCPR* '99, LA: ACM Press: 4-10.

R. Kitchin. (2014) The real-time city? Big data and smart urbanism. *GeoJournal* 79(1) : 1-14.

Rudolph. T. J. & Evancs, J. (2005) Political Trust, Ideology, and Public Support for Government Spending. *American Journal of Political Science*. 49(3): 660-671.

Sadilek, A., Kautz, H. A., DiPrete, L., Labus, B., Portman, E., Teitel, J., & Silenzio, V. (2016) *Deploying nEmesis: Preventing Foodborne Illness by Data Mining Social Media*. In AAAI : 3982-3989.

Salzano, E., Basco, A., Busini, V., Cozzani, V., Marzo, E., Rota, R. & Spadoni, G. (2013) Public awareness promoting new or emerging risks: Industrial accidents triggered by natural hazards(NaTech). *Journal of Risk Research*, 16 : 469-485.

S. H. Jung and Y. J. Chung, (2018) "Comparison of audio event detection performance using DNN," *J. of the Korea Institute of Electronic Communication Sciences*, vol. 13, issue. 3, June : 571-578.

Simon, H. (1956) "Rational choice and the structure of the environment,"

Psychological Review, Vol. 63. : 129-138.
Simon, H. A. (1957) *Administrative Behavior: A study of decision-making processes in administrative organization*, NY: Macmillan.
Slovic, P., Finucane, M. L., Peters, E., & MacGregor, D. G. (2004) Risk as analysis and risk as feelings: Some thoughts about affect, reason, risk, and rationality. Risk Analysis: An International Journal, 24(2) : 311-322.
Smith, C. (2006) *The History of Artificial Intelligence*. University of Washington.
S. Russell & P. Norvig, *Artificial Intelligence: A Modern Approach* (4. ed.), Pearson, Chap. 19
Thaler, R. H., & Sunstein, C. R. (2008). Nudge: Improving Decisions About Health, Wealth, and Happiness. 안진환 (역). 〈넛지: 똑똑한 선택을 이끄는 힘〉. 서울: 리더스북.
Thompson, Ronald and W. Cats-Baril, (2003) *Information Technology and Management*, NewYork: Mcgraw-Hill.
Tomono N. (2007). Behavioral Economics. 이명희 (역). 〈행동경제학: 경제를 움직이는 인간 심리의 모든 것〉, 서울: 지형.
Y. S. Lee and P. J. Mun, (2018) "A Comparison and Analysis of Deep Learning Framework", *J. of the Korea Institute of Electronic Communication Sciences*, vol. 13, no. 1. : 221-228.
Zimmerman, R. (1985) The Relationship of Emergency Management to Governmental Policies on Man-Made Technological Disasters. *Public Administration Review*, 45 : 29-39.
Horii Hideyuki(堀井 秀之). (2006) 安全安心のための社会技術. 東京:東京大学出版会.

디지털 트윈 기반의 지하공동구 화재 재난 지원 통합플랫폼 기술개발 DSEC Project
http://dsec-project.info

찾아 보기

ㄱ

가용성 휴리스틱	78
강한 인공지능	30
공유경제 플랫폼	92
국가미래전략원	92
기계 학습	27

ㄴ

넓은 의미의 인공지능(AGI)	30

ㄷ

데이터 호수	52
디자인 싱킹	54, 55, 56, 57, 58, 59
디지털 관리체계	20
디지털 트윈	59, 61, 63, 64, 65, 68, 70
딥러닝	29, 32

ㄹ

러다이트(Luddite) 운동	45
로보어드바이저	34, 35
로봇공학	27

ㅁ

메타버스(Metaverse)	96, 97
메타정부	96, 97, 98
미국 우정청	53
미래사회	104
미래정부	103

ㅂ

보이는 손	15, 47
보이는 정부(Visible Government)	15, 84, 85, 86, 87, 90
복합재난관리	66
블록체인	45, 46, 47, 48, 49, 50, 51, 52
빅데이터	72

ㅅ

사회적 정의	12, 14
스마트 공장	80
스마트 두바이	53
스마트그리드	74
스마트시티 운영	70
시미오(Simio)	29

ㅇ

암호화폐	33
애자일 경영	103
액티브 시티즌	54
약한 인공지능	30
영국 노동연금부	53
영국 법무부	53
웹2.0	87
웹3.0	87
인공지능	25, 26, 30, 31, 32, 37, 38, 40, 44

ㅈ

자동 추론	27
자연어 처리	26
장인협통인(場人協通人)	93
재난	66
전자시민증	54
정부 대전환	88
정부봇(Govbot)	43
좁은 의미의 인공지능(ANI)	30
지식 표현	26

ㅊ

챗봇   34

ㅌ

튜링테스트   28

ㅍ

프레이밍 효과	82
프로스펙트 이론	80
프로토타입	56, 58, 59

ㅎ

행동경제학   75, 76, 77

ㄷ

DSEC Project	69
Natech재난	67
PPP	96

저자 소개

명승환

미국 Syracuse University에서 정책학(Social Science) 박사 학위를 취득하고 현재 인하대학교 행정학과 교수로 재직하고 있다. 관세청 자체평가위원, 정보통신부 자체평가위원, 국무총리실 자체평가위원, 한국지역정보화학회 회장, 전자정부연구회 회장, 정책분석평가학회보 편집위원장, 한국정책분석평가학회 회장 등을 역임하였으며, 2018년 한국정책학회 회장으로 활동하였다. 현재는 인하대학교 산업보안거버넌스 전공주임, 융합보안e거버넌스 연구소 소장으로 활동하고 있다. 저서로는 스마트전자정부론(4판, 2020), 행정학개론(2010), 사이버 거버넌스(2002), 정보사회와 현대조직(2004) 등이 있다.

장혜정

성균관대학교에서 U-City Planner로 공학박사 학위를 취득하고 현재 서경대학교 융합대학 교수로 및 디자인 싱킹 센터장으로 재직 중이며, 청운대학교 창의융합대학 교수(디자인 싱킹 센터장), (재)디코리아 사무총장/이사(빅데이터 디자인싱킹), 이비젼 대표(ERP, SCM 혁신교육 & 컨설팅) 삼성JAPAN(TOKYO) 경영혁신팀 책임연구원, 삼성SDS 솔루션 사업부 책임연구원, 중앙대학교 컴퓨터 소프트웨어학과 겸임교수, 한국과학기술원 시스템공학연구소 연구원을 역임했다. 관심분야는 빅데이터, 디자인 싱킹, 조직변화관리, 디지털 트윈이다.

서형준

인하대학교 글로벌 e거버넌스 학과에서 e거버넌스 행정학 박사 학위를 취득하고, 현재 인하대학교 융합보안 e거버넌스센터 전임연구원으로 재직 중이다. 주요 관심분야는 정보화정책, 전자정부, 정책학, 거버넌스, 사회자본 등이다. 최근 논문으로는 "플랫폼 정부의 온라인 시민참여 '인천은소통e가득' 코로나19 관련 청원 토픽모델링을 중심으로"(2021), "Determinant Factors for Adoption of Government as a Platform in South Korea: Mediating Effects on the Perception of Intelligent Information Technology"(2021), "공공부문 정보보안 행태에 미치는 영향요인 : 정보보안의식의 매개효과를 중심으로"(2021), "플랫폼 정부 관점에서 조명한 국내 COVID-19 대응 정보화 사례: ICT와 데이터 활용을 중심으로"(2020), "The Priority of Factors of Building Government as a Platform with Analytic Hierarchy Process Analysis"(2020) 등이 있다.

노재인

인천대학교에서 행정학 박사 학위를 취득하였으며, 현재 인하대학교 융합보안e거버넌스센터 전임연구원으로 재직중이다. 2021년 한국행정학회 인공지능데이터행정특별위원회 위원으로 활동하였으며, 2022년 한국행정학회 디지털대전환특별위원회 위원으로 활동하고 있다. 주요 관심분야는 디지털 정부, 지역정보화, 스마트시티 등이며 주요 논문으로는 "Factors Influencing Social Media Use in Local Government", "인구특성에 따른 도시유형과 행정서비스 구현방안", "지방자치단체 정보화 조직 정체성 연구" 등이 있다. Smart Cities in Asia(Edward Elgar publishing), 스마트시티의 미래 2030(윤성사)의 저자로 참여한 바 있다.

저자 소개

김현웅

국민대학교 BIT전문대학원에서 박사 과정을 수료하고 한국오라클 교육사업부 팀장으로 재직중이다. 시만텍코리아 컨슈머비즈니스 매니저와 후지쿠라일본 기술연구소 책임연구원을 역임했다. 현재 핀테크지원센터 기술멘토, 금융연수원 클라우드 기술자문위원이며, 정보통신산업진흥원 글로벌스타트업 페스티발 기업심사/멘토, 인터넷진흥원 핀테크기술지원센터 입주기업 평가위원 등 기술자문과 멘토로 활약하고 있다. 관심분야는 클라우드, 인공지능과 경영전략, BM이다.

홍성범

전북대학교에서 정보통신공학 학사를 취득하고, 현재 셔블에서 대표로 재직 중이다. 녹원정보기술 디지털 트윈 사업부장, DMX Korea 상무(마케팅 팀장/기술본부장), Cisco Korea 수석부장(통신사업자 컨설팅), Dimension Data 부장(SKBB 백본 디자인/컨설팅/운영), LG-CNS 대리(LG*Net 그룹망 설계/운영)를 역임했다. 관심분야는 디지털 트윈, B2B기반 메타버스이다.

디지털 대전환 시대의
보이는 정부

Visible Government in the Digital Transformation Era

Visible Government
in the Digital Transformation Era